ＡＬ時代でも必要な
教育技術シリーズ

子どもを面白がらせるワザ

多賀一郎
俵原正仁　著

学事出版

「ＡＬ時代でも必要な教育技術」シリーズ　刊行にあたって

AL（アクティブ・ラーニング）時代の到来

ALは、「主体的・対話的で深い学び」として新学習指導要領に明記されました。ここ数年、ALを中心としたさまざまな取り組みが示されています。百花繚乱で何が正しいのかわからなくなり、学校現場は混迷している感があります。文科省は、ALは理念であって特定の方法ではないと言っていますから、多種多様の取り組みがあっていいわけです。しかし多様ではありますが、子どもを学習者と考えて、その資質・能力を高めていくということは共通しています。新たな課題である外国語、道徳、プログラミング教育、カリキュラム・マネジメントにもつながることであり、これからの教育の大きな底流になっていくことでしょう。つまり、ALの時代になってきたとも言えるわけです。

そういう時代になって、これまでALとしては授業を仕組んでこなかったベテランの先生方は、大きく二手に分かれているようです。

ALにもすんなりと対応していける先生と、従来型にとらわれ過ぎてALの学習に入りきれない先生との2種類です。前者と後者の決定的な違いは、どんな学習にも柔軟に対応できる教育技術（授業技術のみならず、子ども観、教材観、学習観を含めた広義の技術）を持っているかいないかだと思います。

また、若い先生方のALの授業を見ていて「なるほど」と納得できる場合は、やはり基本的な技術がしっかりとできている場合に限られているように思うのです。

ところでここ数年、協同的な学習を主として実践している先生方が、一斉授業を協同的な学習の対極において批判するという傾向が見られます。一斉授業を旧式でいまの子どもたちに合わないものであるかのように言うのです。しかし、一斉授業を主として実践してこられた先生方は、一斉授業VS協同的な学習という考え方は持っていません。なぜなら、優れた実践家は、どうすれば子どもたちが主体的に学ぶのか、協同的な学習をどう組み込んでいくのかということをずっと考えて授業づくりをしてきたからです。

そして、そうしたベテランたちは口を揃えて同じことを言います。

「ALでは、一斉授業で培った教育技術が必要だ」

ということです。

ALにおいては、これまで学校教育において長年積み重ねられてきた実践技術を継承して取り組むのがベストなのではないでしょうか。

実際、公立学校でのALの授業を見ているとき、成功しているなと思われるものはすべて教育技術の高い先生のものでした。形式だけを真似て教育技術を伴わないALは、這いずり回っているように見えます。話し合いはあっても深まりはなく、学び合いが子どもたちに上下関係を生んでいたり、子どもたちが納得して生き生きと学んでいる姿とはとうてい言えないものになっていたりするのです。

教育技術とは何か？

この教育技術というものが単に「名人芸」ととらえられてしまうと、若手には縁のないものだと考えられがちです。しかし、技術には熟練を要する「名人芸」の技術と、誰もが身につけられる基礎基本の技術というものが、どんな分野においてもあるのです。

例えば、全く素人の新米大工さんがいたとします。あまり名人でもない大工さんは、そういう新米に指導できることは、何もないのでしょうか。そんなことはあり得ません。何年も大工を続けてきたら、優れた大工さんではなくても、教えられることはあるはずです。釘を打つときに指をどう添えれば安全で強く打てるかとか、鋸の刃は板目によって使い分けるとか、カンナの刃の出し方としまい方とか、大工道具の手入れの仕方とかは、先輩大工なら誰でもが教えられなくてはいけない基礎基本のことです。名人級の技術とは違う技術というものが、あるはずでしょう。

同じように、教育技術にも、名人芸ではない基礎基本の技術があるのです。それはある意味当たり前のことでもあります。

ところが、教育技術というものは、まるで昔ながらの伝統工芸の職人芸であるかのように見られてしまいがちなのです。それは、とても曖昧で真似のできないものとしてあがめられてきた一面があるからではないでしょうか。

本シリーズは、その教師の教育技術というものに焦点を当てて、技術と考え方を身につけるための手立てを明らかにしていく取り組みです。考え方を伴わない技術は応用がききません。そして、一斉授業だけでなくＡＬの学習においてどのように活用していけるかを、問いかけていきたいと考えています。

本シリーズでは、教育技術の高い先生方、当たり前のことをきちんと知っている先生方にご協力いただきます。名人芸ではない基礎基本の教育技術を示していきたいと考えています。

若手は自分にないものをどん欲に吸収していってほしいものです。中堅の先生方も、もう一度自分の授業で足りない所を見直すきっかけにしていただければ幸いです。

追手門学院小学校　　多賀一郎

AL時代でも必要な教育技術シリーズ　子どもを面白がらせるワザ

目次

第2章　授業をちょっと楽しくする

はじめに

学校は楽しくなくっちゃ！

「学校は楽しくなくてはならない」。僕はそう思っています。

楽しいから、学校へいきたくてたまらない。

わくわくしながら学校へ通う。

学校とは、そういう場でありたいと思うのです。

暗くてつまらない表情の並ぶ教室や変な緊張感が支配している教室なんて、どんなにすごい授業がなされて力がついていたって、意味がないと考えています。

では、どうすれば楽しい学級（教室）をつくることができるのでしょうか？

それには、ちょっとした技術が要るのです。

教師側からの工夫や言葉掛け、子どもの姿に適宜対応する技術のことです。

ただ単に教室でギャグをとばすことでも、ネタで笑わせようとすることでもありません。日常の中で、子どもたちをよく観察して適切な言葉掛けをしたり、子どもの失敗をリカバリーしたりするような発想とアイデアが大切なのです。

これらは、意識して用いることで、自分の教育技術となっていくものなのですよ。

ベテランや中堅の教師のクラスで、なんだか知らないけれども子どもたちが落ち着いていていつもにこにこと楽しそうなクラスってありませんか？

それはおそらく「子どもを面白がらせる技術」をたくさん持っている先生なのです。

かく言う僕は、教師になっての数年間は、まじめだが面白くない「まともな」授業をしている教師でした。

授業はストイックで、ほとんど冗談がなく、大きな声も出さずに静かな授業をしていました。そういう授業が僕の理想像でもあったのです。

しかし、ある年、明るくて楽しい子どもたちと出会い、

「先生、くらいよー」

と言われ、自分の思い通りにならないことに苦しみました。

あるとき、「もう、この子たちに任せてみよう」と思って、楽しいムードを大事にするようにしました。自らも、笑い笑われて、子どもたちと共に面白がって暮らしているうちに、自分の教育が広がっていったのです。

教師には生真面目な方が多いのです。

でも、子どもたちには、変な生真面目さなんてすっ飛ばしてしまうほどのパワーがあります。ちょっとしたことで、そのパワーは全開に出てくるものです。

子どもを面白がらせ、教師自身も面白くて楽しい。そんな教育をしていれば、学校は楽しくて仕方ない場所になるでしょう。

2021年1月　多賀一郎

第1章　ネタではなく日常が大切

ネタではなくて、日常が面白い、
楽しいということが基本。
日々のちょっとしたことを
面白がる、笑う、楽しむ
という基本姿勢が大切。

1．子どもたちの笑顔を見るために

始業式は気合いを入れて

好きな人が目の前で笑ってくれたら、それだけでとても幸せな気持ちになりますよね。人って、そういうものです。だから、教師は、クラスの子どもたちを笑顔にするために、あの手この手を使うのです。ネタもその一つです。例えば、多くの教師は、子どもたちと初めて出会う始業式には、とっておきのネタを準備します。私の担任時代のとっておきは、芦屋市の金川秀人先生から教えていただいた次のネタでした。

手のイラストを見せて一言。

「この絵は何の漢字になると思いますか？」

すでに、子どもたちは同じ発問で「山」や「火」や「足」などのイラストを見て、どんな漢字になるか考えています。要領もわかっているので、多くの子の手が上がります。

「はい。『手』という漢字です」

正解です。ここまでは正解の回答が続きます。

でも、ここから一気に難易度がアップします。

続いて、手が二つ描かれているイラストを見せます。

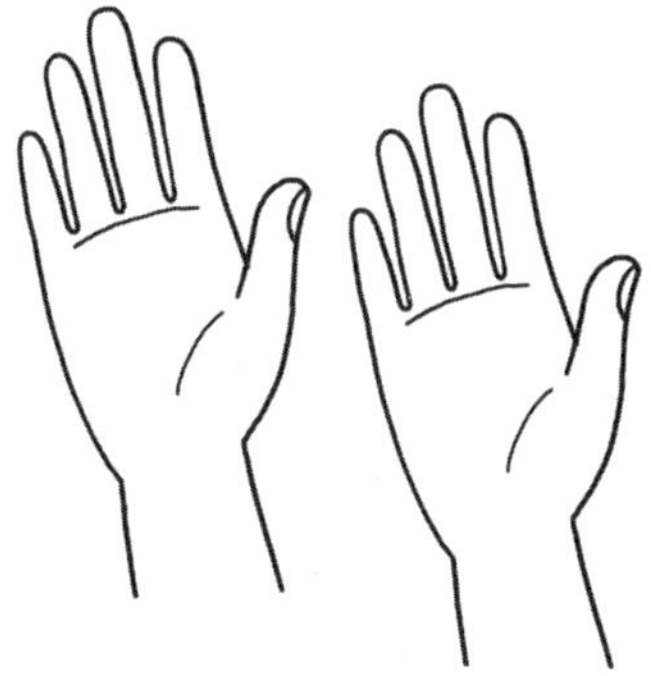

自信満々で答えていた子どもたちの顔に？（ハテナ）の表情が浮かびます。低学年の場合は、二つの手でできることを予想して「もつ」や「はこぶ」など、とにかく何が何でも答えようとしますが、高学年の場合は、すでに「持つ」や「運ぶ」の漢字を知っているだけに、手が二つ描かれたイラストが「持」「運」になるとは考えられません。どちらにしても正解の漢字は出てきません。ここはテンポよく正解を告げます。

「手のイラストは、次に『中』という形になります。一つだとこのまま『手』の漢字になります。二つの場合は、二つの『中』がこう動いて（次ページのイラスト参照）……」

「あっ……」

子どもたちの中から声が上がります。

「気づいた人もいるみたいですね。そうです。『友』という漢字になります。もともと『友』という漢字には手と手をとりあって助けるという意味があるのです。4月、学年も一つ上がり、クラス替えもあり、今日、新しい友だちと出会いました。この1年間、手をとりあって力を合わせ

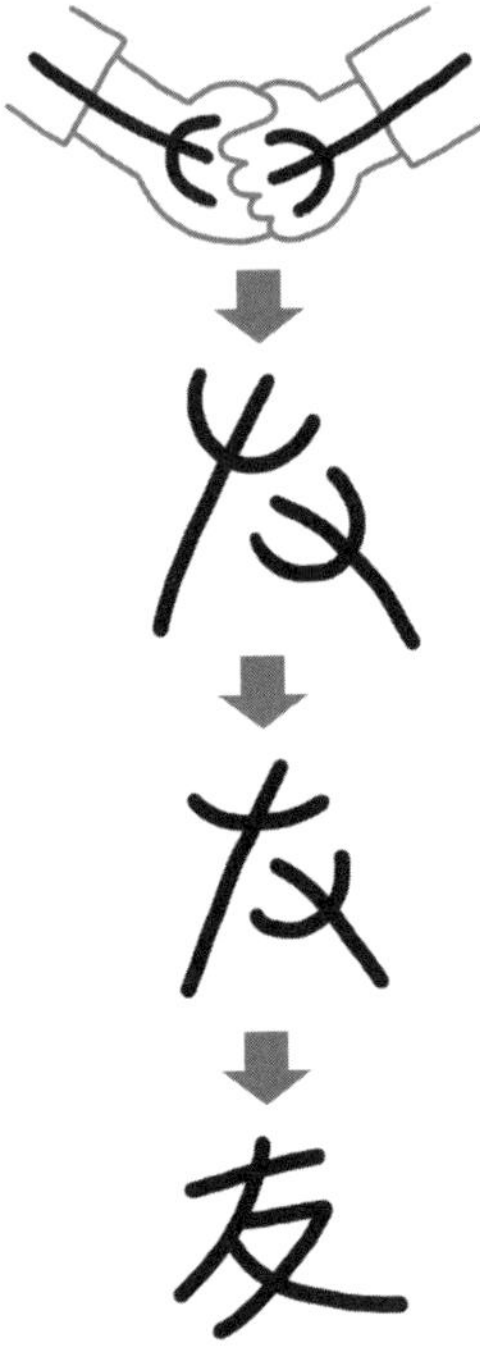

ていいクラスをつくっていきましょうね」

子どもたちはいい表情で話を聞いています。

他にも、「あいうえお作文」で名前を紹介する自己紹介やオーバーアクション、変顔など、始業式当日は教師が持っているネタや技を総動員させます。

子どもたちは笑顔で岐路につき、その姿を見て教師も大満足の1日目が過ぎていくのです。

子どもたちとの初めての出会いとしては、大成功です。

でもね……。

実は、ここからが本当の勝負なのです。

【俵原】

「4月は面白かったのに……」

始業式当日は、手持ちのネタ総動員で大成功。この調子で子どもたちの笑顔が、ずーーーっと続けばいいのですが、世の中そう甘くはありません。日常の忙しさに身を任せ、子どもたちを面白がらせようという教師の意識も少しずつ少しずつフェードアウトしていき、いつの間にか授業は指導書通りのオーソドックスな展開、教師のリアクションも平板なものになっていき、子どもたちの笑顔も次第に少なくなっていきます。あるとき、子どもたちがふと思います。

「4月は面白かったのに……」

最初が一番盛り上がり、その後はどんどん尻すぼみして、もやもやした気持ちだけが残っていくといういわゆる「出落ち」状態です。これは避けなければいけません。

だからと言って、始業式は力をセーブしましょうということではありません。初日をピークにして子どもたちを面白がらせようという意識が、時間と共にフェードアウトして限りなく0（ゼロ）に近づいていくことがいけないのです。つまり、要所要所でネタをぶち込んでいくこと自体はかまわないのです。

ただ、いくら美味しいからといって、毎日三星級の懐石料理やフランス料理を準備することはできません。ご飯やお味噌汁、肉じゃがのような日常の家庭料理を充実させていくことが大切だということです。

【俵原】

ネタだけに頼るこわさ

ネタをすべて否定するものではありません。実際、国語のネタ本は、僕も書いています（『教室で家庭でめっちゃ楽しく学べる国語のネタ63』中村健一さんとの共著、黎明書房）。

ネタは、子どもを盛り上げたり夢中にさせたりできる力を持っています。ときには必要なアイテムだと思います。しかし、そればかりに頼って授業をしていると、ネタのない場面では、全く面白くない授業になりかねません。

小学校の教師は、一日に四つも五つもの教科の授業をしています。それも、毎日。そのすべての時間にネタをぶっこんでいく等ということは、到底できません。

また、ネタばかり追い求めていると、授業は面白ければよいのだという感覚に陥ります。学習の中には、面白くない課題もあるのです。それを黙々とこなすことも大切な教育の一つだと思います。ネタなんてなくたって、日常のちょっとした技術で子どもたちを楽しく学ばせることは可能なのです。

ネタばかり探して、授業の本質的な在り方を学んでいかなかったら、中身のない薄っぺらい教師になりかねません。ネタも使うけれども、ネタがなくても、楽しい授業、面白いクラスを演出する方法はいくらでもあるのです。

【多賀】

2．強い薬には副作用がある

実際にあったこと

僕は親塾というものを主催しています。

そこでは、保護者から相談を受けることがあります。同じ時期に同じような相談を受けました。

「5年生から不登校になりました。新しい担任の先生が新しいやり方をされたんです。毎日、一人ずつ子どもが前に立って、みんながその子のよいところを話したそうです。うちの子が前に立ったとき、みんながしいんとして、何も言わなくなったんだそうです。すると、先生が、

『何もほめることないのか？』

と聞いたら、何人かが『ない！』と言ったそうです。その次の日から、一日も学校へは行っていません」

悲しい話ですが、同じような相談を2件も仙台と関西で聞きました。怖いですね。

優れた実践方法をとりあえずやってみようとすることは、かえって子どもたちにとってマイナスのことが起こるということです。

そういう子どもがいるということは、想定しておかないといけないのです。

僕のクラスにも、ほめ言葉をしようとしたら、ひょっとしたら、みんなから何も言われないか

もしれないなという子どもがいました。

僕は、その子の順番が来る1週間前から、ことあるごとに子どもたちの前でその子どものことをほめました。

「なるほど。さすがはW君だ。いいこと考えるなあ」

「W君は、○○が得意だよなあ」

等と、小さなことですが、子どもたちの前で彼のよいところを印象づけていました。

そして、1週間後、彼が前に立って、

「はい、スタート！」

となったとき、子どもたちからは、たくさんのほめ言葉があふれました。一部の子どもたちさえ言い出せば、あとは、続けてくれました。その子どもは始まる前から、

「僕の番が来て、みんながしいんとなったら、どうしようかなあ」

と思っていたそうです。

このように、何か強い薬となるような手立てをやろうとしたら、その副作用のようなものが必ずあります。そのことを踏まえて手立てを打って実施しないと、大変なことになるということです。

強い薬は、毒にもなるということです。

【多賀】

3．日常を常に楽しい雰囲気にすることが大切

楽しい掲示物を

廊下の掲示物にも、教室に掲示してあるものにも、楽しい工夫をしましょう。教室が明るくなります。子どもたちも楽しくなります。

伊丹市のある小学校での話です。3年生で、学級が苦しくなってきていた女性の先生に、こうアドバイスしました。

「あなたの教室をもっと明るくて楽しいものにしたらどうかなあ。細かい物をつくるのは得意でしょ？　それを使って、教室の掲示物を工夫したらいいと思いますよ。子どもたちにも手伝ってもらって、一緒に楽しい教室づくりをしたら、どうかなあ？」

そう話した3カ月後（12月でした）、再び彼女の教室を訪ねたら、教室は華やかなクリスマスモードになっていました。彼女も、子どもたちも、楽しそうでした。

掲示物からは、オーラのようなものが出ています。掲示物を明るく楽しいものにするだけで、教室のムードを変えていけることがあるのです。

【多賀】

ＢＧＭで盛り上げる

飲食店では、回転率を上げたいお昼の11時～14時頃までの時間帯はアップテンポの曲を、14時以降は回転率を下げるスローテンポの曲をかけると聞いたことがあります。時間帯によってＢＧＭを変えることでお客さんの回転率をコントロールするのだそうです。面白い話です。

ただ、一日中教室にＢＧＭを流しておくことなんてできませんよね。隣のクラスに迷惑ですし、何よりも教室の子どもたちが落ち着いて勉強に取り組めません。このＢＧＭ効果をそのまま学級で活用することはできないということです。それでも、やっぱりＢＧＭは、教室を楽しい雰囲気にすることにひと役買ってくれます。要は、ピンポイントでＢＧＭを活用すればいいのです。

私がよく使っていたのは、『ドラムロール』『ファンファーレ』『エリーゼの首飾り』『Because We Can』『蛍の光』です。『ドラムロール』は帰りの会で明日の日直を決めるくじを引くとき、『ファンファーレ』はその決まった日直を発表するとき、手品でおなじみの『エリーゼの首飾り』はもったいつけて何かを見せるとき、「Ｍ－１グランプリ」の入場曲であるファットボーイ・スリムの『Because We Can』は、お笑い係が登場するとき、『蛍の光』は一日の終わりの下校時に使っていました。私は、ＢＧＭ集のＣＤや自作ＣＤを使ってＣＤプレーヤーで流していましたが、今ならタブレットやパソコンでより使いやすく活用できます。ぜひ、お気に入りのプレイリストをつくってお試しください。

【俵原】

鏡で笑顔のリハーサル「上がり目、下がり目、くるっと回ってにゃんこの目」

朝のスタートは大切です。スタートの切り方がその日一日を左右することが多いのです。

特に月曜日の朝イチは重要です。

何よりも、教師は笑顔でなければいけません。不機嫌で怒ったような表情の教師に子どもたちが親しく話しかけてくるはずはないのです。

鏡を見ましょう。

鏡に映った自分の顔を見て、笑顔になっていなかったら、顔の体操です。

「〽上がり目、下がり目、くるっと回ってニャンコの目」

と歌いながら、目の周りを指で動かして、たれ目にします。

それから、口角を押し上げるのです。

続けて3回ぐらいすると、柔らかい表情になります。

その状態で教室に向かうのです。

どこかの県のタクシー会社では、出勤してきたときにパソコンの画面に向かって笑顔をつくらなければならないそうです。パソコンが笑顔だと判定したら、タイムカードが受けつけるのです。

タクシードライバーの皆さんは、無理やりにでも笑顔をつくって、一日をスタートしなければならないそうです。なかなか苦労している方もいらっしゃいましたが、みなさん笑顔でタクシーに乗車して出かけて行かれました。

この方法を導入してから、会社の売り上げが急速に伸びたのだそうです。

笑顔のパワーを表す話です。

教師も人間です。毎日楽しいことばかりではありません。身内に心配事があったり、仕事で失敗して叱責されたり、モンスター・ペアレントにしつこく言われたり……と、いろいろ憂鬱になることがあるでしょう。

それでも、子どもたちの前に立つときは、無理やりにでも笑顔をつくりましょう。無理につくった笑顔でも、実は心が少し晴れるものなのですよ。

鏡を見ながら、口角をあげる運動をしてから、教室に向かいましょう。

【多賀】

4．出勤時にテンションの上がる曲を聞く

車の中で歌う

僕は出勤時に車に乗っているときには、ラップの入った曲をかけていました。ケツメイシの『さくら』に『夏の思い出』。リップスライムの『楽園ベイベー』。嵐の『Ａ・ＲＡ・ＳＨＩ』。（古いですかね）

もちろん、車の中で大声で歌うのです。前の車からミラー越しに見ていたら、滑稽に映っていたことでしょう。これは、滑舌をよくするためでもありました。

それから、ともかくノリのよい曲をかけて、テンションを上げています。

最近では、米津玄師の『感電』。テイラー・スウィフトの『Shake It Off』にマーク・ロンソンとブルーノ・マーズの『Uptown Funk』等をがんがんかけて、自らを鼓舞しています。

昔からの鉄板の曲というものもあって、ローリング・ストーンズの『Jumpin'Jack Flash』やグランド・ファンク・レイルロードの『アメリカン・バンド（原題：We're an American Band）』等も外せません。

こうやって、自分のテンションを上げて学校に着くと、なんとなく楽しいノリの気分でスタートが切れます。あまりバラードとかを聴きながら来ると、テンションは下がり気味になるので、要注意です。

【多賀】

5. 教室の入り方

「今日はどんな入り方をしようかな」

教室の後ろの入り口から入って、さもそれが当然かのように、後ろの黒板を使って授業をしたことがあります。

子どもたちは机を逆向きに動かしながら、

「もう。ほんまに、めんどくさいなあ」

「なんなの、これ?」

と言ったり、げらげら笑ったりしていました。

でも、とても新鮮な感じでしたよ、教師も子どもも。

ときどき、「今日はどんな入り方をしようかなあ」という思いで、いろいろと教室への入り方を考えてみましょう。

国語の作文の授業のときのことです。僕は白衣を着て教室に入りました。子どもたちは、笑いながら、迎えてくれました。

「ドクターTと申します。よろしくお願いします」

と、別人になり切って、授業を進めました。

「今日は、君たちの作文を治療しにやってきました」

と言って、例文を示して、校正の仕方を指導しました。

音楽をかけての入場もありです。

『ツァラトゥストラはかく語りき』（リヒャルト・シュトラウス）なんてかけて登場すると、子どもたちは唖然とするでしょうね。子どもたちの大好きなアニメソングでもいいですねえ。『紅蓮華』（LiSA）なんていいかも知れませんね。

そんなたいそうな準備などしなくても、資料を大事そうに大事そうに丁重に扱いながら静かに入ったりするだけで、

「先生は、何を大事そうに持っているんだろう」

と、子どもたちは資料に集中してきます。

また、楽しそうに歌いながら教室に入るだけで、

「先生、何かいいことでもあったの？」

「何がそんなに楽しそうなの？」

と、興味を持ってくれます。


【多賀】

6．必ずしも面白い教師になる必要はありません

面白い教師よりも楽し気な教師に……

担任時代のことです。アントニオ猪木氏の「いつ何時、誰の挑戦でも受ける」が座右の銘の一つである私は、授業参観の申し込みがあれば、管理職に話を通した上ですべて受け入れていました。教育委員会関係の視察もありましたが、その多くは、私の本を読んだり、セミナーで私の話を聞いたりして、実際のクラスを見て学びたいという思いを持った若い先生方でした。ある年、そのようなやる気満々の先生から、クラスを一日参観した後、次のようなことを言われたことがありました。

「子どもたちの動きはすごいと思いましたが、俵原先生ご自身は意外と普通なんですね」

実は、似たようなことを言われたのはこの1回だけではありません。

「もっとハイテンションで授業をしていると思っていました」

「面白ネタを毎時間しているわけではないんですね」

「常にしゃべりまくって、子どもたちを笑かしているイメージでした」

たぶんセミナーでの印象が強いからだと思います。確かにセミナーではエンターティナーの立ち位置で話をすることが多いのですが、教室ではそうではありません。演者になることもありま

すが、ときには脚本家であり、ときには演出家であり、ときには舞台監督になったりするのです。このことは私に限らず、この本のもう一人の執筆者である多賀先生も、音読セミナーでいつもはじけているあの先生も、面白ネタ満載でしゃべくり上手なあの先生も、たぶんみんな同じです。そういうもんです。

つまり、必ずしも面白い教師になる必要はないということです。

そもそも、面白い教師になることは簡単ではありません。学生時代にクラスで「おもろいやつ」と認識されていた程度のポテンシャルがあれば、比較的容易に面白い教師になることができるかもしれませんが、そうでない場合は長く険しい修業が必要になってきます。だから、エンターテイナーになるための努力をするよりも、むしろ教師はアミューズメントパークのような面白そうな空間をつくっていくことに力を入れるべきなのです。

その面白そうな空間をつくるために必要不可欠な存在が、楽し気な教師です。

楽しそうな人を見ていると、なぜだかわかりませんが、楽しくなってきますよね。子どもたちも同じです。楽しそうな教師を見ていると、子どもたちも楽しくなってきます。楽し気な教師の存在は、アミューズメントパークのような面白そうな空間をつくっていくための礎となります。

つまり、教師が目指すべきキャラは、面白い教師ではなく楽し気な教師と言うことができるのです。

【俵原】

楽し気な教師になるのは簡単だ

実は、子どもたちに「自分たちの担任はいつも楽しそうだな」と思わせることは、そんなに難しいことではありません。笑っておけばいいのです。笑ってさえすれば、子どもたちはあなたを「楽し気な教師」と認識してくれます。ただ、一日中、笑顔をキープすることは不可能です。もし仮にそのようなことができたとしても、45分の授業中、常に先生が笑っていたら、それはそれで子どもたちに違う緊張感を与えます。きりっとした顔も、まじめそうな顔も、驚いた顔も、悲しそうな顔も、ときには怖そうな顔も必要です。ベースはあくまでも自分の表情になります。そこに、笑顔をのせていくのです。

「おはよう。今日も元気ないい声ですね」と挨拶をして、ニコッ。

「正解！　お見事」と授業中にほめて、ニコッ。

「清井さん、手伝ってくれてありがとう」と感謝とともに、ニコッ。

「すごいな。一輪車、めっちゃうまいやん」と休み時間いっしょに遊んで、ニコッ。

「あっ、黒板消し落としちゃった」と照れ隠しで、ニコッ。

「今日も楽しかったね。また明日！」と別れ際に、ニコッ。

笑顔でいる時間は、1回あたり3秒ほどで構わないのです。この3秒の笑顔の回数を増やしていく……目標は、1時間当たり、「3秒の笑顔×20回」。これであなたも「楽し気な教師」です。　【俵原】

それでも、笑いのエッセンスをつかもう

僕は、昔は堅物で冗談を言わない教師でした。特に授業中は、つまらない冗談は授業の集中を削ぐと考えていました。静かに聞き入っているクラスが理想でした。

それが、子どもたちと暮らしているうちに、だんだんと変わってきました。子どもたちは何といっても、楽しいこと、面白いことが大好きなのですから。

今、僕は「M－1グランプリ」も「キングオブコント」も見ています。「それなに？」と思った時点でアウトです。漫才グランプリが「M－1グランプリ」。コントのそれが「キングオブコント」です。

今の若い人たちには何が面白いのか？　何が受けるのか？という視点で見ています。

ほかにも、お笑い関係の番組はよく見ます。

吉本新喜劇を見ていて、

「あっ、これは授業で使えそうだな！」

等と思うことがよくあります。

落語は、本も買ったし、CDやレコードもたくさん持っています。桂枝雀さんの『崇徳院』や『権兵衛狸』は、何度聴いたか知れません。今ではこの二つは、僕のストーリイ・テリングのレパートリーに入っています。

何度も聴いていると、少しはマネができるようになってくるものです。

さらに、落語は教師にとって大切な「間」を教えてくれます。この「間」をつかむことができると、授業は飛躍的にうまくなりますよ。

例えば、「おいしい」という言葉は、はっきりとした形のない言葉ですが、よくお笑いタレントたちは口にします。

「(笑)」のそばに自ら近づきましょう。そうすれば、笑いのエッセンスは自然と入ってきます。

「ここは、おいしい場面だから……」

と言われても、なんのことかわかるようになっていきます。

この「おいしい」ということが少し理解できたら、子どもたちと接するときに、沈黙や落ち込みを笑いに変えることができるのです。


【多賀】

笑いの食わず嫌いにならないように!

楽し気な気分はいたずらから

今から書く話は、この通りにはまねをしないようにしてください。

僕は職員室でよくいたずらをしていました。あの神戸市の東須磨小学校で問題になったようないたずら？　とは、全く違う次元のものです。

職員室で、何人かのパソコンのスクリーンセーバーをいじって、『チャイルド・プレイ』等の怖い画面が現れるようにしてみたり、誰かが通信を書いていてちょっと席を外したすきに、全く関係のない文章を挿入してみたりとか……。

そういういたずらをするのはだいたいが僕なので、パソコンのいたずらに気づいた先生が必ず、

「多賀先生！」

と怒っていました。

こげ茶色に着色したスライムで皿の上に「う○こ」をつくって置いていたら、へしゃげてただのゲル状になってしまいました。

そのことをその席の先生があんまり笑うので、

「じゃあ、本物のう○こを持ってきて机の上に置いておくぞ」

と言うと、

「やれるものなら、やってごらんなさい」

と言うので、学校の帰りに「ヴィレッジヴァンガード」へ行って、う○この灰皿を買ってきました。ちなみに、草食動物と肉食動物のう○こがあったのですが、肉食の動物の灰皿にしました。

次の日にその先生の机の上に灰皿を置いていたら、学校へ来るなり、大笑いしていました。

職員室で保護者への文句や子どもの悪口を言う先生がいます。たまにはガス抜きになっていいかも知れませんが、楽しくて笑いのある職員室にしようと努力していたのです（努力というよりも、遊んでいたといった方が正確かもしれませんが……）。

職員室でも、笑いは大切です。

【多賀】

自分で無理なら、絵本を活用

ユーモアや楽しさを持つということは、もともと笑いのセンスのない人には、きついことかも知れません。

生真面目に勉強してきて教師になった人には、笑いのセンスはなかなか身につかないでしょう。そういう方には、絵本がおすすめです。

笑いのある絵本、楽しい絵本を教室で読み聞かせすれば、子どもたちに自然と伝わっていきます。第一、重く沈んだクラスのムードを、一発で楽しいものに変えてしまうだけの力が絵本にはあります。

『じごくのそうべえ』たじまゆきひこ 作（童心社）

桂米朝の『地獄八景亡者戯』をベースにつくられた落語絵本です。関西弁で読むと、いっそう面白みが出てきますが、標準語のイントネーションで読んでも、面白い絵本です。

『コッケモーモー』ジュリエット・ダラス=コンテ 文
アリソン・バートレット 絵　たなかあきこ 訳（徳間書店）

歌い方を忘れてしまった雄鶏の話。「コッケガーガー」「コッケブーブー」と、間違ってばかりの雄鶏。でも、ある晩、キツネが仲間を襲いにやってきます。そのときに……。

『ちゃいます ちゃいます』内田麟太郎 作　大橋重信 絵（教育画劇）

「もしもし、たあくんでっか?」「はい」「わたしはだれでしょう」と、かかってきたお父さんからの電話にたあくんは、「ねこさんでっか?」「サボテンさんでっか?」ととぼけます。このやりとりが楽しくて、子どもたちは笑いに引き込まれていきます。

『こぶとり太郎』たかどのほうこ 作　杉浦範茂 絵（童心社）

あたまがかたいせいで覚えられないたろうに、みんなが「やわらかくなあれ」と声掛けしたために、柔らかくなってしまい、勉強をするたびにこぶができてしまいました。そこで、いもうとのちょん子と一緒に山奥へ鬼たちにこぶをとってもらいに出かけるのです。現代の教育ママの話にもちょっと触れる楽しいお話です。

『ぜったいあけちゃダメッ！』アンディ・リー 作　林 木林 訳（永岡書店）

モンスターがありとあらゆる手段を使って、このページをめくらないようにと、努力します。子どもたちとの対話ができてしまいます。「あけるのよそうか?」とたずねると、「ダメェ！」という声が返ってくるのです。やりとりの楽しめる絵本。連作の『ほんとに　ぜったい　あけちゃダメッ！！！』もどうぞ。

『くんくんくん　これはどなたのわすれもの？』

はやしますみ 作（岩崎書店）

へんてこな忘れ物をとりに、いろいろな生き物（？）たちが集まってきます。「この落し物は、誰のカナ？」と、子どもたちに問いかけながらページを繰っていくのです。クイズのように子どもたちと楽しめる絵本です。

『しちどぎつね　上方落語・七度狐より』

たじまゆきひこ 作（くもん出版）

一度恨みを買ったために、七度にわたって騙され続ける、きろくとせいはちの二人の旅人。「旅のもの、伊勢音頭を歌え～」とか「歌わぬか～」というような独特の言い回しに子どもたちが大笑いします。

『ちゅうちゅうたこかいな』新井洋行 作（講談社）

たこが誦えば、その度に「な」のつく言葉のものが現れます。絵は、たこの体の一部を表しているように見えますが、実は……。ページを繰るときに、子どもたちに十分想像する時間をとってから、「ナポリタンー！」というようにめくって読み聞かせします。

【多賀】

「おいしい」場面をつかむ

この、「おいしい」という感覚は、ない人には全くわからないものでしょう。しかし、これをつかむことができれば、教室には笑いがあふれます。

お笑いタレントのアンジャッシュの児嶋さんは、よくいじられます。

「そうですよねえ。大島さん、どう思われますか？」

と言われて、すぐに、

「児嶋だよ！」

と返して笑いを誘います。

「ですよねえ、高島さん」

「児嶋だよ！」

こう返すときは、本当に怒った顔をしているのですが、本人にとっては、笑いをとれる「おいしい」ふりなのです。

教室で名前をいじって遊ぶことは問題ありですが、こういう笑いをとれる「おいしい」場面というものが日々あるのです。

このときを逃さずに「おいしい」と捉えれば、子どもの失敗も笑いに変えることができます。

ある女の子に対して、妙につっかかる男の子がいました。

ある日、悪口を言われてその女の子が怒り、訴えてきました。

「もういいかげんにしてください。Aくんは、何かあったら私に悪口を言ってくるんです。私は何もしてないのに、ひどいです」

Aくんは、怒られるのは覚悟していますが、

「オレは悪くない。こいつだって、態度悪いんだから……」

とでも言いたそうな顔をしています。

そこで、僕は言いました。わざとみんなの前で、

「いやあ、先生はAくんの気持ちがちょっとわかるなあ。好きな子に対しては、いろいろと言いたくなってしまうんだよなあ。うんうん。わかる。わかるぞ、その気持ちは」

Aくんは、心外な顔をして、

「違うよ！　僕はそんなこと思ってない」

と言うのですが、僕はみんなに、

「まあ、こういうときは素直に好きとか言えないんだよなあ、みんな、そう思うだろう？」

と、クラスのみんなにふると、にたにた笑いながら、子どもたちもうなずきます。

これで、Aくんのその女の子への攻撃はできなくなってしまいました。


【多賀】

こんな子どもを面白がろう

教室にはさまざまな子どもがいます。

先生の邪魔をする子ども。

友だちにちょっかいかける子ども。

ちょっとしたことで、暴れる子ども。

反応の薄い子ども。

ときには、先生にとって「めんどうだな」と思わされてしまう子どももいます。最近は、ちょっと厳しく注意をしたらちゃんとするということはなかなかなくて、苦労する子どもたちが増えてきているのはまちがいありません。

そういういろいろな子どもたちも、見方を変えれば、けっこう「面白い子どもだなあ」と思えてしまうことがあるのです。

子どもたちを面白がってみることをしてみませんか。

先生の見方次第で、これまでとは違って見えることもありますよ。


【多賀】

鼻歌を歌いだす子ども

大阪府のある学校の４年生で授業をしました。三クラスのうち二つが崩壊して、力のある先生のクラスだけがなんとかもっているというクラスでした。

そのクラスで授業を始めたときのことです。突然一番前に座っていた子どもが、

「フンフン、フフーン、フンフン、フフフフーン♪」

と、鼻歌を歌い始めたのです。

僕はニコニコしながら、彼に近づいてこう言いました。

「おっ、歌うまいなあ」

すると彼は、

「うまくなんかない」

と言うので、

「そんなことない。うまいじゃん。もう一回、歌ってよ」

「いやだ。歌わない」

と言う子どもに残念そうに、

「えーっ！　そんなこと言わないで歌ってよー」

と言うと、

「絶対に歌わない！」

と、言うので、

「絶対に歌ってくれないの？」

と念を押したら、

「絶対に歌わない！」と宣言してしまいました。

これで彼はもう歌えなくなってしまったのです。

そこからは、彼はおとなしく授業に参加していました。

すぐに注意するのもいいのですが、無理に制止しようとすれば、こういう子どもの反発をまねきかねません。

「面白いなあ、こんなときに鼻歌を歌いだすなんて。どう返してやろうかなあ」

と、面白がったら、いくらでも方法は考えられるものです。


【多賀】

教師の言葉にいちいち反論する子

「もし、できなかったら、どうするの？」

「そんなことしても、うまくいかないよ」

というような、否定的な発言をする子どもがいます。いちいち反応していたら、キリがありません。ある程度までは無視していきます。

「やってみないとわからないから、やってみようよ」

と、ときには、前向きに考えさせようとするのですが、どうしてもネガティブな考えを出してきてしまうのです。

そんな子どもが教室にいませんか？

そういう子どもが、また言いそうになったら、機先を制するという手があります。

どうせこういうだろうと予測がつけば、その子が口を開く直前に笑いながら、

「あっ、今、○○と言おうとしただろう！」

と、機先を制してしまうのです。

【多賀】

すぐカッとなる子

すぐにカッとなって、モノを投げたり大声をあげたりする子どもがいました。担任の先生は一生懸命に対応していました。

ときには説得し、ときには叱りつけて、なんとか鎮めようとしていました。でも、なかなかうまくいきません。

たまたまそのクラスの授業を見ていたとき、ちょっとしたことがあって、その子の目つきが変わったのがわかりました。

「ん？　これはまずいぞ。爆発する兆候だな」

そう感じた僕は、彼の隣に行きました。そして、

「おい、Iくん。今、きみ、キレかかっているでしょ」

と、笑いながら言いました。

Iくんは憮然とした表情で、

「キレかかってなんかいない」

と言いました。さらに、僕は大げさに、

「うっそー！　またまたあ。今、キレて大声出そうと思ったでしょ？　または、ちょっと暴れてやろうかと思ったでしょう」

と笑いながら、言いました。

「思ってない」

「えーっ、うっそー」

「ほんまや」

「えっ、そしたら、暴れないの？」

と念を押したら、

「暴れないよ」

「ふうん」

ということになりました。彼は自分で「暴れない」と言ってしまったものですから、かっかして暴れることはなくなりました。

子どもを面白がるとは、その子の言動に逆上して同じ土俵に上がってまともにやりあうのではなくて、

「おもしろいやつだなあ」

と、ほほえましく見ることなのです。そうすれば、こちらにも余裕が生まれます。

【多賀】

KYと言われる子ども

KY（空気読めない）と言われる子どもがいます。

こういう子どもは、周りの雰囲気に惑わされずに、自分の思ったことをどんな場でも言い、周りに配慮するという発想を持たないために、友だちから浮いてしまうことがあります。

Bくんという子どもがいました。みんながまじめに考えているときに、冗談を突然言い出して顰蹙《ひんしゅく》を買います。

その場の空気を読むことが苦手というか、できないので、みんなから、

「KY、Bは空気読めない」

と呼ばれていました。

あるとき、子どもたちのしたことが許せなかったので、僕は怒ってしまいました。振り上げた手の降ろしどころがつかめなくて、僕も本音では困っていました。全く、怒ってしまうということは、ろくなことではありません。

でも、そのときは、子どもたちのしたことに腹を立ててしまったのです。

気まずいムードが流れていると、Bくんが僕の前に体をもじもじしながら、やってきました。

「なんだ?・B。どうした?・」

と聞くと、Bくんはあそこをおさえて身をよじらせて、

「おしっこ！　おしっこに行きたい」

と言うのです。僕は、

「早く行ってこい！」

と行かせましたが、飛び出して行く格好がおかしくて、笑ってしまいました。子どもたちも笑ってしまったのです。

「なあ、みんな、先生ね、正直腹を立ててしまってどうしたらいいかわからなくなっていたんだよ。Bくんのおかげで助かった。みんなもそうじゃないかな」

子どもたちが笑顔でうなずきました。

Bくんが帰ってきたとき、子どもたちが口々に、

「B、ありがとう。助かったわ」

と言って、自然と拍手が起こりました。

Bくんは、何がどうなってみんなが自分に感謝しているのかわからずに、きょとんとした表情をしていました。

【多賀】

不思議ちゃん

不思議ちゃんって、いますよね。

発想も不思議。言動も不思議。

みんなからも浮いているけれども、本人はなんにも気づいていないのです。

こういう子どもは気を付けて見ていないと、いじめにあう可能性が高いのです。

しかし、いつもマイワールドから個性的で独特の発想が出てくる、面白い存在です。

こういう子どもについては、

「おっ、B子さん、さすがだね」

「またまた独特の発想が出てきたよ。なるほどなあ」

等と、その子の不思議さを認めていきます。

それをやり続けていると、他の子どもたちも、

「B子さんって、面白いこと言うよね」

と、言うようになっていきます。

先生が、その子がその子らしくあることを認めていると、周りの子どもたちも次第にそういうことを認めていくのです。


【多賀】

話を全く聞いていない子

「……という理由から、バナナはおやつには入りません。何か質問はありますか？　はい、根岸くん」

「先生、バナナはおやつに入りますか？」

当然、クラスの友だちからツッコミが入ります。

「今、言ったやん」

ここで教室に温かい笑いが起きるクラスは大丈夫。ツッコまれた子が傷つくこともないでしょう。子どもたちの面白がる力は正しい方向に向かっています。でも、同じ笑いでも失笑、嘲笑、冷笑なら要注意です。そのままにしておいたら、ツッコまれた子の居場所がクラスになくなっていきます。そのような空気を感じたら、あなたがするべきことは一つです。「今、言ったやん」というツッコミが出ないように、根岸くんがしっかりと話を聞くような手立てを打っていくのです。根岸くんが話を聞くことが苦手なことはすでにわかっていますので、根岸くんに視線を合わせ、さりげなく根岸くんの近くに行き、ときどき根岸くんに声をかけ、教師の話をしっかりと聞かせるのです。ある意味、強引に聞かせる。そして、ほめるのです。

「根岸くんは、先生の話をしっかり聞いてくれているなあ。バッチリやん」

ほめられて、まず根岸くんの意識が変わってきます。そして、周りの友だちの根岸くんへの印象も変わっていくのです。


【俵原】

じっと席に座っていられない子

もう30年ほど前の話です。私は、6月に行われた筑波大学附属小学校の研究会に参加しました。授業の名人と言われる有田和正先生の授業を見るためです。

講堂のステージの上に教室の机を持ち込み、多くの参加者が見守る中、1年生生活科の公開授業が始まりました。正直、どんな授業が行われたのかはもう覚えていないのですが、一つだけ印象に残っていることがあります。

それは、授業が始まってしばらくすると、一人の子どもが席を離れウロウロし始めたことです。小学校に入学してまだ2カ月すぎたばかりです。無理もありません。

当時の私は有田先生を全知全能の神様のようにとらえていましたので、有田学級でもこんなことがあるんだと驚きながらも、授業の名人がその子に対してどのような手立てを打つのだろうか……とワクワクしながら見ていました。

有田先生は……何もしませんでした。

その子がウロウロしている様子を何も言わずニコニコと笑顔で眺めていました。その子の動きを面白がって見ている感じでした。

これはすごい！

絶対に自分だったらできない……と舌を3回半巻いたものです。

子どもたちを帰した後の事後検討会ではこのことも話題の一つとして出てきました。苦虫をかみつぶしたかのような表情のベテランの先生が有田先生のこの子への対応について批判気味にこう言ったのです。

「どうして席を離れた子に注意をしなかったのですか?」

私は、そこがすごいところなのに……と思いながら、有田先生はどう答えるのだろうか……とワクワクした気持ちで有田先生の回答を待ちました。有田先生の回答は秀逸でした。むっとした表情を見せることもなく笑顔でこう言いました。

「よろしければ2学期にまた見に来てください。その頃にはちゃんと座って勉強していますから」

まさに「tranquilo（トランキーロ）！　あっせんなよ！」です。焦ることなく、楽しくて子どもたちの力を伸ばす授業を続けていれば、自然と子どもたちは席から離れなくなるということです。つまり、「じっと席に座っていられない子ども」に対しては、「授業の名人と言われるぐらいに授業の腕を上げる」だけでいいということになります。ただ、一朝一夕にできることではありませんし、そもそも非常に難易度が高いミッションですので、私たち凡人がすぐにできることと言えば、焦らずニコニコと笑顔で席を離れる子の様子を見ておくことぐらいです。でも、これだけでもけっこう有効です。実際、余裕をもって子どもの様子を見ていると、その子がどんなときに離席するのかがわかってきます。そこがわかれば、手を打つことができるからです。

一般的なことを言えば、子どもたちの集中力が切れる前に学習形態を変えるという方法があります。音読指導、漢字指導、読解指導などのユニットをつくって、10～15分ごとに変えていくのです。

また、立ち歩く活動を授業の中に組み入れるという方法もあります。

「全員起立。1回音読をしたら座りましょう」

「三つ書けた人から黒板に自分の考えを書きに来てください」

「ノートの見せあいをして、いろいろな友だちと意見を交流させてください」

「今からこの詩を暗唱します。ノートに書きながら覚えても、教室内をウロウロしながら覚えてもかまいません。自分の覚えやすい方法で取り組んでください」

このような指示をして、立ち歩いて学習することを先生公認で認めてしまうのです。これならじっと席に座っていられない子も目立ちません。

何より、これらの手立ては、クラスの他の子どもたちにも歓迎されるはずです。自分もあの子みたいにウロウロしたいけれど、一生懸命我慢している子が救われます。そして、平板だった45分の学習活動の展開に大きな動きができてきます。これはすべての子にとってもいいことです。

後は、このような手立てを打ちながら、「授業の名人と言われるぐらいに授業の腕を上げるべく、教師修行を続ければいい」だけ（笑）です。ご健闘をお祈りします。

【俵原】

クローズアップで見れば悲劇だけど……

チャーリー・チャップリンの名言に「人生はクローズアップで見れば悲劇だが、ロングショットで見れば喜劇だ」というものがあります。

意味合いが似ている言葉に、前担任の「○○くんて、たまに会うとかわいいよね。去年は腹が立つことも多かったけど……」というものもあります。どうしても担任は気になる子のことをクローズアップで見てしまいがちになります。それが、悲劇の始まりだということです。子どもたちをロングショットで見ることができれば、目先の「できた・できていない」にこだわることがなくなります。心に余裕ができて、子どもたちの言動を面白がることができるのです。面白がることができれば、その子にあった対応や支援ができるということは、いくつかの具体例をあげて、すでに述べています。

〝ロングショットで見る〟

この「物事を面白がるための黄金律」は、「対子ども」だけでなく「対自分」にもあてはまります。何か悩みごとがあったとしても、自分をメタ認知して別の大きな視点で見ることができれば、自分が感じていることは、思いのほか小さいことだったんだと気づくこともあります。その結果、今、起こっていることに対して、前向きな気持ちで対応していくことができるようになります。どちらにしても、悩みごとが永遠に続くことはありません。そうです。ゴールはハッピーエンドに決まっているのです。【俵原】

第2章　授業をちょっと楽しくする

1時間の授業をちょこっと
楽しいものにするだけで、
その教科そのものが楽しくなる。
1時間フルに楽しくなくてもいい。
ほんのちょっぴりの工夫で。

1．楽しいネタをする前に、心がけておくこと

テレビ番組収録の〝前説〟から学ぶ

観客を入れてのテレビ番組収録の際には、必ず〝前説〟というものが行われます。この前説で、その番組の説明や番組収録中の諸注意を伝えます。拍手や笑い声の練習を行ったりもします。でも、一番大切な仕事は、面白いネタを披露してその場を盛り上げて、観客を〝温める〟ことです。前説で観客のテンションを高めて、楽しい雰囲気のまま番組収録に入ることができれば、本番の盛り上がりは保証されたも同然だからです。前説の雰囲気でその日の番組収録が左右されると言っても過言ではないのです。

授業も同じです。楽しい雰囲気で授業に入れるかどうかで、その後の授業が楽しくなるかどうかが大きく影響されます。ただし、観客の多くが初参加というテレビ収録と違い、すでに関係性ができている子どもたちしかいない授業では、前説の必要はありません。教師自身がマイナスオーラを振りまくことさえしなければいいのです。

そのために、教師が意識しなければいけないことは、〝叱らない〟ということです。先生に叱られてドヨ～～ンとした空気の中、いくら面白いネタを披露したところで、子どもたちにウケるはずありません。もちろん、叱らなければいけない状況では叱らなければいけません。それでも〝叱る〟という行為および時間は必要最小限にしようと意識した上で、叱ってください。【俵原】

教師自身が〝叱る〟種をまいていませんか？

私の師匠であり〝教育の仙人〟の二つ名を持つ堀八正隆先生は「わしは、子どもを叱ったことがない」と言われていました。でも、この言葉を額面通り受け取ってはいけません。堀八先生は、子どもたちが叱られる状況にならないから叱らないのです。そのような状況をつくるために、日ごろからいろいろな手立てを打っているということです。教師が適切な指導を行い子どもたちの力が伸びていけば、叱るような場面はほとんどなくなってきます。仙人だから叱らないということではないのです。

仙人でさえそうなのですから、私たち凡人のクラスが、何の手立ても打たずに、子どもたちが叱られない状況になるはずありません。私たちが最初にするべきことは、教師自身が〝叱る〟種をまいていないか……ということを自問自答することです。

例えば、教師の指示があいまいだったために、子どもたちが教師の意図したとおり動かずに、その結果子どもたちを叱ってしまったことはありませんか？　たぶん、あると思います（もちろん私もあります）。これからは子どもたちを叱らなければいけない状況になったときに、「これって、誰のせい？」なのか、立ち止まって考えてみてください。子どもたちを叱る理由が教師にあることに気づけば、頭ごなしに叱ることはなくなるはずです。

教師自身が〝叱る〟種をまいていないか。

このことを教師が意識するだけで、子どもたちを叱る回数はかなり減るはずです。

【俵原】

視線と立ち位置を意識する

「無くて七癖」と言うように、視線の動かし方にも人それぞれの癖があります。私の場合、特に意識しなければ視線が左側にいっていることが多いようです。つまり、無意識でいると、教室の左側ばかり見ているということになります。この自分の癖に無自覚だと、教室の左側ばかりを見てしまい、右側は完全にデッドゾーンになってしまうということです。当然、そこに座っている子どもたちとは視線が合わないということになります。

子どもたちも教師に見られていないと感じると、集中力が切れやすくなります。つい気がゆるんで、私語をしてしまったり、手遊びを行ったりしてしまいます。教室の一部が落ち着かない状態になるのです。さすがにここまでくると、ザワザワした雰囲気は教師に伝わります。そして、教室の右側に座っていた子どもたちは教師に叱られてしまいます。

でも、叱られたのは子どもたちだけのせいですか？

違いますよね。確かに私語や手遊びはいけません。でも、最初から教師がクラスの子全員に視線を送っていたら、この子たちも集中して授業に取り組んでいたに違いありません。教師が視線を送らなかったことで〝叱る〟種をまいていたということになります。まずは、自分の七癖をチェックしてください。自分が左側を向く癖があると自覚すれば、右側を見なければいけないと意識することができます。そうすれば、クラスのすべての子どもたちに視線を送ることができるようになります。

次に教師が意識すべきことは、教師の立ち位置です。

世の中には、すごいオーラを持っている教師がいます。そのような教師は、黒板の前に立っていても教室の後ろまで教師のオーラが届きます。私にはそのような強力なオーラはありません。この本を手に取ってくれた多くの人もそうでしょう。でも、そのような強力なオーラを持っていない教師でもやりようはあります。教室の後ろまで教師のオーラが届かないのならば、自分自身が教室の後ろに行けばいいのです。

教師自身が動くことで、教師のオーラを教室の隅々まで届けることができるからです。

例えば、教師の範読などは、教室の前にいる必要はありません。手遊びをしがちな子のそばに行って範読します。教師が近くに行くことで、その子は手遊びをしづらくなり、手遊びをしないで静かに教師の範読を聞くことになります。教師が前にいたままだったら、教室の後ろの方の席で手遊びをしていた子を叱らなければいけなかったかもしれません。叱るべき芽をあらかじめ抜くことができたのです。「しっかり聞いていたね。すばらしい」と、その子をほめることもできます。その子もほめられていい気分になります。プラスのオーラが教室に広がっていきます。教師が立ち位置を意識することで〝叱る〟というマイナスオーラを出すことなく、子どもたちを望ましい状態に持っていくことができるのです。

これで、楽しい授業を行う下準備ができました。さぁ、楽しみましょう。

【俵原】

2．挨拶

天候によって変える挨拶

日直の挨拶ってありますよね。

朝一番の挨拶がいつも、

「おはようございます」

だけでは、いかにもつまらないものです。子どもも挨拶に対する意識が薄くなります。そこで、お天気によって挨拶を変えさせるのです。

雨模様のときは、

「うっとおしうございます」

曇りの日には、日直が

「青空がみえませんね」

と言ったら、みんなで、

「そうですね」

という挨拶を交わします。

最初は先生がいろいろと考えて、「今日はこう言おうか」と指示すればいいのです。慣れてきた

ら、子どもたちが自分で考えて、

「晴れたらいいなあ」

とか、ゴールデンウイーク明けなどでは、

「お久しぶりです」

等というような挨拶をさせるのです。

「○○先生、お誕生日。おめでとうございます」

等というのも出てくるかも知れません。

青空がみえませんね。
そうですね。
晴れたら
いいなあ。

やりとりも工夫して、掛け合いのようにしていくのも楽しいですよ。

「今日のテスト、がんばってきましたか?」

「いーえ、全然!」

とか、

「今日の給食はカレーライスです」

「楽しみでーす」

とかいうようなやりとりも出てくると面白くなってきます。


【多賀】

挨拶横綱になろう

挨拶は基本です。気持ちのよい挨拶は、学校生活を気持ちのよいものにします。

しかし、強制されての挨拶は、ぎこちなくて身についていきません。そこで、「挨拶横綱」という取り組みをします。

挨拶に幕内、小結、関脇、大関、横綱とランク付けをして、課題がクリアされたらその役に昇進して、掲示板の横に名前が載っていくというものです。

小結、関脇までは、グループで1週間の様子をお互いに見て、評価し合って決めます。

・挨拶をきちんと返してくれる。

・はっきりと聞こえる声で挨拶できている。

・誰にでも挨拶している。

というようなものがポイントです。

大関からは、毎週末に子どもたちから、

「○○さんを挨拶大関に推薦します」

と、推薦させて、クラス全員で判定します。

ポイントは、

・自分から進んで挨拶している。

・明るく気持ちよい挨拶ができている。
・誰にでも、笑顔で挨拶している。
等です。

この取り組みの面白いのは、ふだん元気がよくてしゃきしゃきしている子どもが、案外、全員に対しては挨拶していなかったりとか、いつもは大人しくて小さな声でしか話せないような子どもの評価が高くて、横綱に昇りつめたりとかするところです。

挨拶を意識するということが、他者への思いにつながっていきます。

全員が賛成しないと、横綱にはなれません。子どもたちがお互いの挨拶の様子を観察することにもなります。観察と監視は違います。監視のような陰湿なものではなく、どんな挨拶をしているかを見ていく中で、学ぶことも多いのです。


【多賀】

挨拶の基本は、笑顔で相手の顔を見ること

「まめうしくんとこんにちは」

『まめうしくんとこんにちは』（あきやまただし作・絵、PHP研究所）という絵本があります。

「さあ、まめうしくんといっしょに、いっぱい声を出しましょう！」

というスタートで、子どもたちと一緒に絵本を読みます。

「こんにちは」にもいろいろな場合があって、それを表現していきます。

「『こんどは、ちょっとはずかしそうに、むずむずして、こんにちは……』はい！『こんにちは……』」

というような感じで、腹を立てたり泣いたりしながら「こんにちは」のバリエーションを表現していくのです。

これらを、項目ごとに印刷して（8ページほどになります）、国語の時間の最初に8人の子どもたちに配り、読んでもらいます。

全員で「こんにちは」というところは、バリエーションに合わせて、声をそろえて言います。

絵本の持つ力でしょうか。「大きな声で」なんてことは言わなくても、子どもたちは元気な声を出します。

楽しく声を出すスタートです。


【多賀】

3. 音読のススメ

子どもたちの力を伸ばすクラスにはいくつもの共通点があります。教室に入ったときの空気が丸く感じるというような主観的で抽象的なものもありますが、具体的でわかりやすい共通点の一つに音読をするときの声がすばらしいということがあります。「学級づくりがすばらしいから音読もすばらしい」クラスもありますし、「音読指導がすばらしいから学級もすばらしい」クラスもあります。それぞれの先生が軸足をどこに置いているのかで違いはあるのですが、結局、私が何を言いたいのかというと、「どちらにしたって音読指導は大切だってこと！」です。

……ということで、面白くて楽し気な音読指導をいくつか紹介させていただきます。

叱らずに、音読の声を大きくする

2年生、国語『スイミー』第1時。

「先生が読んだとおりにみんなも読んでくださいね」

子どもたちの準備ができたことを確認したら読み始めます。

「スイミー」

「スイミー」

子どもたちから元気のいい声が返ってきたら言うことなし。思いっきりほめます。ただ多くの場合は、小さな声だったり声がそろっていなかったりするなど、教師が期待しているレベルでは返ってきません。そこで「声が小さいです。もっと大きな声で読んでください」「声をそろえて読むんですよ」などお小言を言いたくなりますが、ちょっと我慢してください。マイナスのオーラを振りまくだけになってしまいます。子どもたちの音読に対して何も言わずに、もう一度教師はさっきより少し大きめの声で繰り返します。「声が小さいからもう一度やり直します」ということも言いません。

「スイミー」

「スイミー」

2回目は、1回目より大きな声になっているはずです。それでも、まだ十分ではないと感じたら、間をおかず3回、4回と繰り返します。次第に子どもたちの声も大きく、そして、そろってくるはずです。

「最初に比べて、すごくよくなりました。この1分間でみんなの音読の力が伸びました。この調子です」

ほめられて子どもたちは満足します。

タイトルの「スイミー」を数回読み直したとしても1分もかかりません。やり直しさせられても苦にはならない長さです。子どもたちに遠慮することなく、最初の段階で声が出るようになるまでやり直しさせればいいということです。否定的なことを一切言わなくても、子どもたちの力は伸びていきます。

まず、教師が手本を見せること。できていなければ、テンポよく何回かやり直すこと。「Repeat after me」……これが音読指導の基本中の基本です。

【俵原】

「Repeat after me」音読＋パフォーマンス

子どもたちが教材文に慣れてきたら、「Repeat after me」音読に教師のちょっとしたパフォーマンスを付け加えます。「大きな声で読む」「小さな声で読む」「早く読む」「ゆっくりと読む」そして「間を開ける」という表現読みを行う際に気をつけるべき5つのポイントを、教師が音読の手本を示しながら、そこに動きを付け加え、楽しく教えていきます。

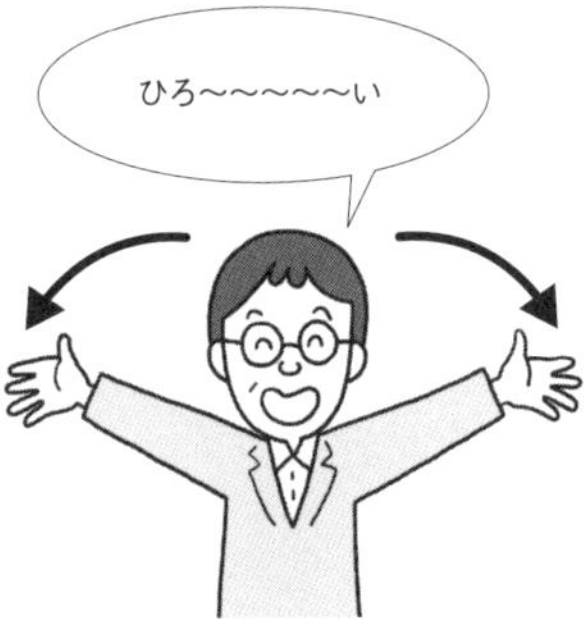

「では、次は音読だけでなく、アクションも加わります。みんなも先生と同じ動きをしながら、ついてきてくださいね」

教科書は机の上に置かせます。「Repeat after me」音読で、短く区切りながら音読をしていくので、教科書を見ないでも子どもたちはしっかりついてくることができます。

「ひろ～～～～～い　海の　どこかで」

上のイラストのようなジェスチャーをしながら、「ひろ～～～～～い」を思いっきり伸ばしてゆっくりと音読します。

子どもたちは大喜びでのってきます。

「小さな　魚の　きょうだいたちが」

今度はささやくような小さな声です。子どもたちの声も一気に

小さな魚のきょうだいたちが
たのしく
くらして
いた
なまえは・・・・・・
間
スイミー！

小さくなります。

「たのしく　くらしていた」

ダンスのような動きをして明るい声で楽しく読みます。子どもたちはノリノリです。

で、こんな感じ（上のイラスト参照）でオーバーアクションを入れながら、いよいよクライマックス。

「なまえは…………」

思いっきり間を開けます。そして、叫びます。

「スイミーーー！」

みんなニコニコ。最後は子どもたちだけで音読をさせます。このとき、教師は音読をしませんが、ジャスチャーだけはしっかりと行います。教師の手の動きに合わせて、子どもたちの声の大きさや速さが変わっていきます。合唱や合奏における指揮者のように、教師の動きそのもので子どもたちの音読を先導していくのです。

【俵原】

音読カードで楽しく音読

私の数少ない趣味の一つにプロレスがあります。私は学級づくりで大切なことのほとんどをそのプロレスから学んだのですが、その学びの中に「ゴッチ式トランプトレーニング」というものがあります。「プロレスの神様」という名を持つカール・ゴッチが考案したトレーニングの一つで、トランプを利用して腕立て伏せなどの回数を指定してトレーニングを行うというものです。トランプの各マークに対して、スペードは腕立て伏せ、ハートはスクワットなどの種目を割り当てて、トランプを1枚めくり、出たカードの種目を、数字の10倍の回数分、カードがなくなるまで行います。トランプを使うことで、連続して何回も行うと単調になってしまいがちなトレーニングを、変化をつけて行うことができるのです。私がこのトレーニング方法を知った当時の新日本プロレスの鬼コーチであった山本小鉄さんは、このゴッチ式トランプトレーニングについて次のように言っていました。

「単調な腕立て伏せの練習に、ちょっとした遊び心を加えました」

この遊び心は、トレーニングをさせられているヤングライオン（若手レスラーの総称）たちには、間違いなく届いていないと思いますが、プロレスラーでさえもカードの指示に従って単調なトレーニングに文句を言わずに取り組んでいるのです。新日本プロレスの場合、山本さんが怖いというのもあるでしょうが、子どもたちなら、純粋に楽しみながらカードの指示に従って学習に取り組むに違いありません。

……ということで、前ふりが長くなりましたが「音読カード」の登場です。

使い方は、簡単です。

音読カード

引いたカードの指示に従って音読をします。例えば、「大きく」というカードを引いた子は大きな声で音読をします。「ジャンプをしながら」というカードを引いた子はジャンプをしながら音読をします。「ピカチュウのように」というカードを引いてしまったら、ピカチュウのように音読をしなくてはいけません。つまり、「ピカ、ピカ、ピカチュウ」と言い続けるしかないのです(笑)。

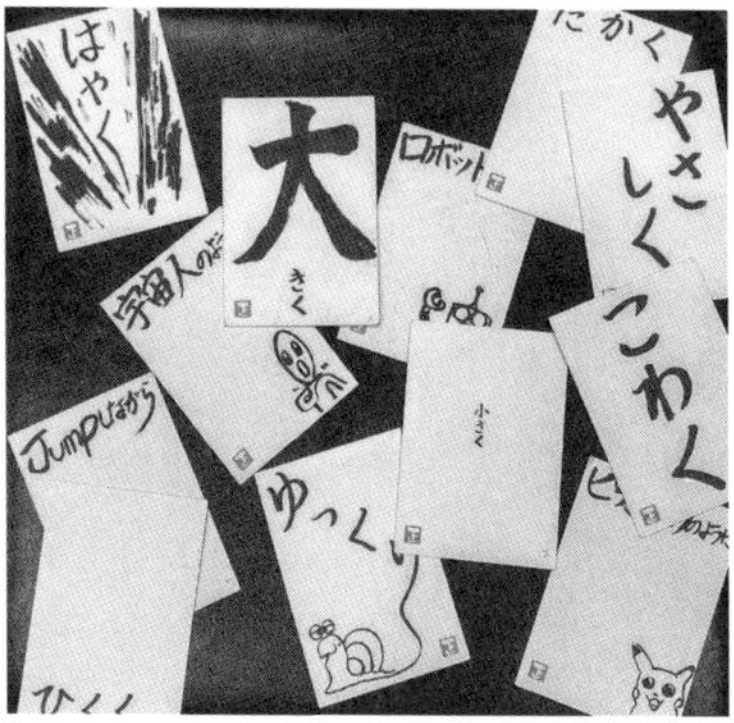

音読カード

くだらないでしょ？

でも、なぜか子どもたちは、ヤングライオン同様にカードの指示には素直に従ってしまうようです。普段は声が小さな子でも、「大きく」というカードを引いたら、いつもより大きな声で読もうとがんばります。「もう少し大きな声で読んで

ね」というよりも効果的なのです。カードの指示に従って大きく読んだ事実をメチャクチャほめ

ればば、その子の自信にもなります。楽しく力を伸ばすことができるのです。

恐るべしカール・ゴッチ……ではなく、恐るべしカードの威力です。

音読カードで楽しく基礎基本を定着させる

ただ、この音読カード、国語の時間にはあまり使いません。

というのも、『一つの花』の学習のクライマックスの場面で、ピカチュウカードを引いてしまっては、それまで学習してきたことがすべて台無しになってしまうからです。そんな危険なことはできません。

私の学級で、この音読カードが一番活躍するのは、算数の時間です。

ちょっとしたスキマの時間に語句の説明や定義の部分を何度も読ませたいときによく使います。

例えば、何人かが指名されて、黒板に自分の考えを書いている間の待ち時間が音読カードの出番です。

「教科書57ページを開けてください。春名くんが書いている間、ここに書かれている定義を読んでもらいます。では、堀くんから」

音読カードを堀くんに引かせます。「大きく」のカードを引いた堀くんは大きな声で定義を音

読します。

「次は、彩木さん」

彩木さんが引いたカードは「ゆっくりと」。今度はゆっくりと定義を音読します。引くカードによって、読み方が変わってくるので、同じ定義を何度も何度も飽きずに読んだり聞いたりすることができます。こうして空白の時間をつくることなく楽しく音読の回数を重ねるうちに、自然に語句や定義を覚えていくことができるのです。

【俵原】

楽しい音読教材に一工夫—『わるくち』『お経』

谷川俊太郎の『わるくち』という詩があります。

悪口の掛け合いをするという詩です。この詩を音読させるときにも、一工夫します。

子どもたちは最初、淡々と悪口を読んでいきます。そこで、

「ちょっと待て！　君たちは友だちとケンカして悪口を言うときに、そんな言い方をするのか？」

と聞きます。

「もうちょっと悪口言い合ってる感じで読もう」

と言うと、次からは音読が変わって、迫力のある『わるくち』になります。ほんと、楽しそうに悪口を言い合っています。

詩に出てくる悪口に、「ちょんびにゅるにゅる」とか「ござまりでべれけぶん」とかいう悪口言葉が出てきます。

「ケンカするときに、この言葉を使って言い合いしてみよう」

と言いました。

2年生の子どもがやってきて言いました。実際にやってみたようです。

「先生、あれはあかん。『ちょんびにゅるにゅる』って使ってケンカしようとしたら、笑えてし

まってケンカにならない」

と笑っていました。

阪田寛夫の『お経』という詩があります。「電車馬車自動車」というように熟語を並べてお経のように読むという詩です。

これを音読するときは、木魚（「ポクポク木魚」Amazon 等で売っています）とトライアングルを使って読ませます。

「ポクポクポクポク　電車、馬車、自動車、チーン」

というように、木魚に合わせてお経のように読んでトライアングルでリン（お経を読むときに鳴らす鐘）の代わりにします。

これを読むたびに二人の子どもにさせると、みんなやりたくてやりたくてたまらなくなるのです。一通り回ってくるまで、毎日国語の音読は「お経」になりますが、仕方ありませんね。

カトリックの小学校でもやってくださっていたようです。まあ、実際のお経を読んでいるわけではないのですから、ありでしょうか。

【多賀】

意味のない言葉が楽しさを生む

草野心平の『ごびらっふの独白』という詩があります。

「るてえる　びる　もれとりり　がいく」

等と、意味のない言葉（カエル語とでも呼べばいいのでしょうか）の連続で、それでいて、どことなくリズムがあり、なんとなく意味があるようなないような不思議な詩です。実際、現代語訳というのがついていて、カエルが哲学的思考をしているという内容なのです。カエルの詩人という別名を持つ、草野心平の真骨頂のような詩です。

意味がわからなくても、なぜか楽しく子どもたちは音読していきます。

「先生、『るてえる』って、何回も出てくるよ。どういう意味なんだろうかなあ」

等と考えながら読む子どももいます。言葉の響きを楽しみながら、読んでいける詩です。

『口辺筋肉感覚説による抒情的作品抄』（鈴木志郎康）

この詩は、ひたすら意味がありません。

「ポポ　ヌムヌムモナラミ　ヌルヌルモモヌム」

と、なんだか不思議な言葉が続いています。意味は全くわかりませんが、読んでいるだけで、子どもたちは笑ってしまいます。

読み方を工夫すると、さらにおかしさが倍増します。

『タララ・プンカ・ポンカ・ピ』（三木鶏郎）

コマーシャルソングとして一斉を風靡した三木鶏郎の意味のない言葉の羅列の詩です。

「タララ・プンカ・ポンカ・ピ　タララ・プンカ・ポンカ・ピ……」

これも一つ一つの言葉に意味はありませんが、読むだけで笑顔になるような詩です。ＣＤも出ていて曲も楽しく、一緒に歌うのもありですね。

『さかなやのおっちゃん』（畑中圭一）

「さあ　こうてや　こうてや　てておかむ　イワシやでぇ　おてて　かみまっせ　ほんまかいな　おっちゃん」

という、関西弁の面白い言葉の並ぶ詩です。子どもたちによって、同じ関西弁でも、はんなりとした京都弁の読みになったり、こてこての大阪弁になったりして、バリエーションも楽しめます。関西以外の地域でも、自分たちなりに工夫したら、いくらでも楽しい音読ができますよ。

インターネットで検索したら、これらの詩は簡単に手に入ります。

【多賀】

古文は京都弁で読む

子どもたちに教科書に載っている『枕草子』を一斉に音読させます。もちろん、標準語で音読しますよね。

そこで、たずねます。「この文章は、いつごろ書かれたものですか?」

知っている子どももたくさんいるので、

「平安時代です」

と答えます。

「では、場所はどこですか?」

とたずねると、もちろん、

「京都です」

と答えます。そこで、

「今、君たちは標準語で読んだけど、平安時代の京都の人たちは、標準語で話していたのですか?」

と聞くと、動揺が起こります。

「元々は、京都弁で読んでいたはずだよね。正しくはこう読みます」

と言って、京都弁のイントネーションで読みます。子どもたちにもそれで練習させます。

さらに、こう言います。

「この話は、今で言うと、ＯＬが職場の出来事をツイッターやインスタグラムにあげているようなものなんですよ」

と言って、次のように読む。

「春は、明け方だよねえ。やっと山の端の方がほんのり明るくなってさ、バイオレットの感じの雲がほそーく広がっているのが、素敵じゃん。夏は、夜だよねえ。満月の夜は最高！　闇の新月のときでもさ、蛍がたくさん飛び交っているのがグー。また、蛍がさあ、一匹、二匹とぼんやり光って飛んでいくのもいいなあ。雨のときには、またいいんだよねえ」

子どもたちは笑って聞いています。

でも、これは国語の本質的な指導からは外れていないのです。楽しいだけじゃなく、古文に親しむことのできる手立てだと考えます。

【多賀】

すべての教科で音読指導

声に出してしっかりと文章が読めること……これができなければ、文章を読み解くことはできません。そして、これは何も国語の時間に限ったことではありません。算数で、文章題が読めないのに問題を解くことはできません。理科で、教科書に書かれている実験方法が読めないのに、実験をすることはできません。社会で、資料が読み取れないのに、調べ学習をすることはできません。何をするのにも、音読が必要なのです。ところが、音読指導というと、どうも国語の時間限定のものと考えている人が多いようです。

特に、社会の教科書なんて、それこそ難しい言葉、難しい漢字のオンパレードです。初見なのにいきなり子どもたちだけで読ませていることはありませんか？　その結果、子どもたちは、ドヨ～ンとした声でたどたどしく読んでいるということになっていませんか？　そして、その音読を教師が特に指導もせずにスルーしていくと、子どもたちの音読に対する認識は、社会の時間の読みはこの程度でいいんだということになり、教室の空気も活気のない緩んだ雰囲気になっていきます。そうならないためにも、社会の時間にも音読指導をする必要があるのです。

ただし、国語の時間のように表現読みなどいろいろなバリエーションでの音読指導を行う必要はありません。教師がしっかりと「Repeat after me」音読さえすれば十分です。張りのある元気のいい声で音読をすることで、授業は活気のある生き生きとした雰囲気になっていきます。【俵原】

キーワードを際立たせるためのカミングス～ン

教科書に書かれているキーワードを意識して音読をする……私は師匠である有田和正先生からこのことを教えていただきました。ところが、私の力量不足もあって「キーワードを意識して音読するのですよ」と言っただけでは、この大切さがなかなか子どもたちには伝わりません。そこで開発したのが、今から紹介するカミングス～ン音読です。映画の予告編の最後に流れる「COMING　SOOOOOON」という言葉のようなニュアンスでキーワードを読むという非常にくだらない音読です。でも、子どもたちはこのくだらない音読が大好きでした。

6年社会。歴史の授業。

「今から、先生が読む段落の中から大切なキーワードを一つ選ぶとしたら何でしょうか。キーワードがどれかを考えながら聞いてください」

「8世紀にはいると、朝廷は仏教の教えを正しく広めてくれる僧を求めて、中国（唐）に使いを送りました。当時、日本へ来るためには、大変危険な航海をしなければなりませんでしたが、鑑真は、朝廷の願いに応じて、日本へ渡ることを決意しました。」

「では、キーワードはどれですか？　指で押さえてください」

机間巡視をしてみると、ほとんどの子が「鑑真」に指をおいていました。でも、迷っている子もいます。

「迷っている子もいるので、もう一回読んでみます。これで最後ですので、しっかりと聞いてください」

ここでカミングス〜ン音読を発動させます。

「8世紀に入ると、…(中略)…大変危険な航海をしなければなりませんでしたが、GUWANJIIIN(グワァンジイイン)は、朝廷の……」

「わかったあ！」

子どもたちは大喜びです。くだらないでしょ？　でも、このGUWANJIIIN(グワァンジイイン)という言い方でほとんどの子が「鑑真」に指を置くことができました。ただ、それでもまだ「鑑真」に気づかない子が二人いました。

「先生が読むのはさっきが最後だったんだけど、誰か先生の代わりに読んでくれる人はいませんか？」

どのクラスにもお調子者でセンスのいい子が一人か二人はいるものです。サッと手が挙がりました。

「8世紀に入ると、…(中略)…大変危険な航海をしなければなりませんでしたが、GA・GA・GA・GANJIIIIIIN(ガガガガンジイイイイン)は、朝廷の……」

何と、私とは違うパターンで音読したのです。この素晴らしい音読で最後の二人も無事に「鑑真」にたどり着くことができました。

めでたし、めでたし。

【俵原】

４．楽しく漢字指導を行う

漢字って楽勝だ！……と勘違いさせる

４月。ある年の４年生の国語の授業開きは次の発問から始まりました。

「日本に漢字はいくつあるでしょう？」

黄金の３日間、１年のうちでもいちばん学習意欲に満ち溢れているこの時期の子どもたちは、何の根拠もなくやる気だけで適当に答えます。とてもいいことです。

「１００です」

４年生で習う漢字だけでも２００あること（当時）を教えると、この後、数字はうなぎのぼりで上がっていきます。

「１０００」「２５００」「５０００」「１００００」「２００００」「３００００」……

この適当さがいいのです。とりあえず何か言う姿勢の子が何人かいるとクラスは活気づきます。

「こんなに意見の出るクラスは初めてです。すばらしい！」

とりあえずほめまくります。すると、子どもたちはさらに調子に乗ります（笑）。

「１億」「１兆」「無量大数」

さすがにこれはないわな……とやんわりとたしなめます。そして、子どもたちにどれが正解だと思うか聞いていきます。

「1000だと思う人、手を挙げてください」

友だちの意見を聞きっぱなしにするのではなく、自分はどう考えているのか意思表示させるのです。自分の立ち位置をはっきりさせることで、より主体的に学習に取り組むことができるようになります。

無量大数のときにけん制したのが効いたのか、2500から20000の間に答えは集中しました。

「正解は、約50000です」

自分たちの予想より多い答えに子どもたちは驚いたようです。ただ約50000と言われても、何となく多そうだなというイメージはわくものの、実感として約50000の多さをつかむことはなかなかできません。ここで『大漢和辞典』を発行している大修館書店が作成した「これが5万字」というポスターを子どもたちに披露します。このポスター、大判のポスターに10ポイント程度の小さなサイズで部首別に漢字が50000字ビッシリ組まれていて、見る者を圧倒させます。子どもたちからもさっきより大きな歓声が上がります。そして、ここからが最後の詰めになります。

「実は4年生で習う漢字は200文字（当時）なんだけど、こんなもんです」

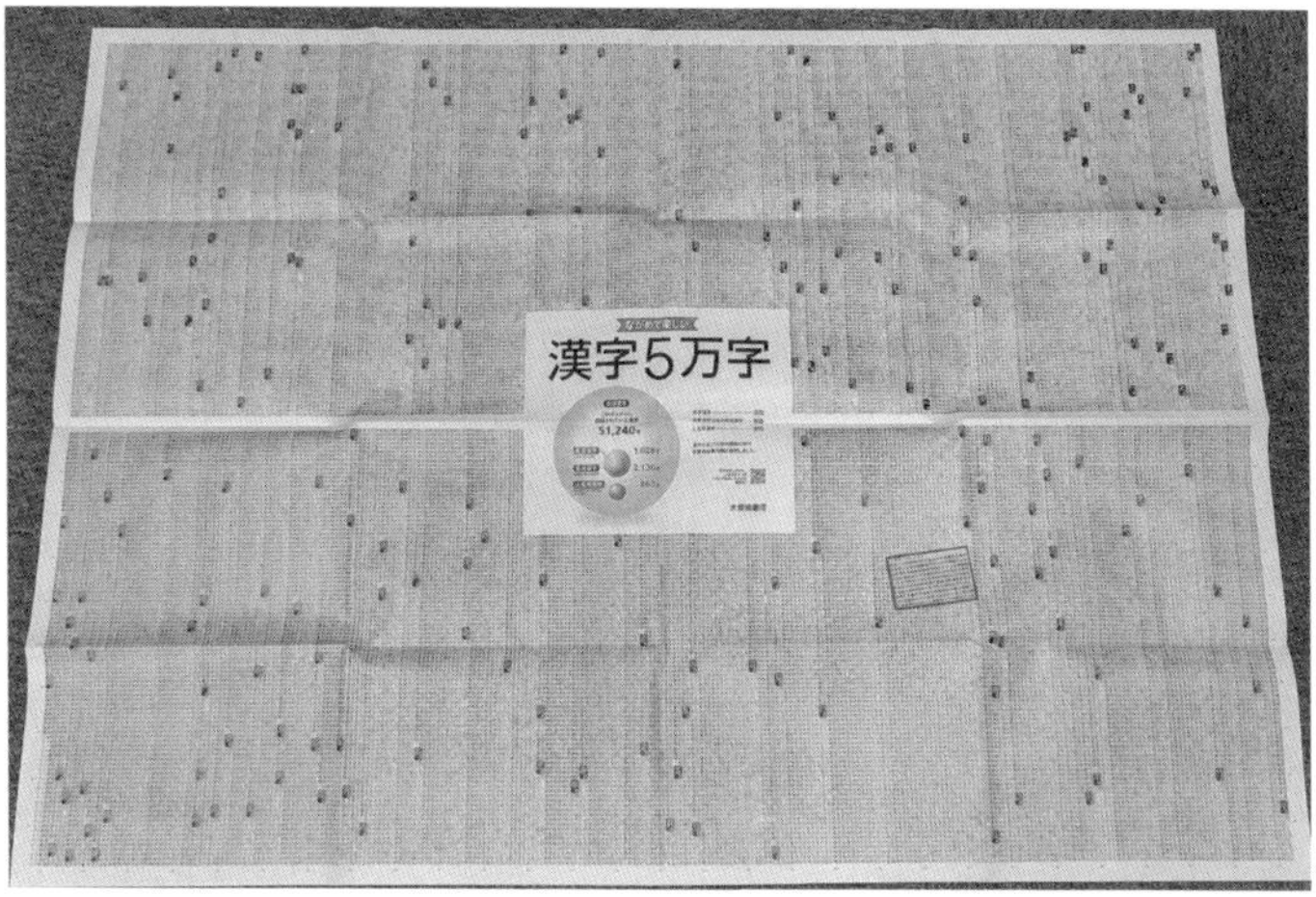

「これが5万字」ポスターの上に、同じ10ポイントでつくった4年の新出漢字をまとめたカードを重ねたのです。50000という数に比べると200は、ほんの少しの数に見えてきます。お調子者の男子たちが口々に叫びました。

「えっ、これだけしかないの？」

「めっちゃ少ないやん」

「楽勝。楽勝」

50000を見た後の200だったので、これぐらいの量なら簡単に覚えられると勘違いしてくれました。でも、こういう根拠のない自信や勢いって大切です。クラスの雰囲気が前向きになります。

この後、このポスターは教室に掲示しておきます。休み時間には、子どもたちは興味津々でポスターの周りに集まってきます。単なる一発ネタの教材ではなく、長期的に使える知的好奇心を揺さぶるいい教材です。

ぜひ、お手元に置いてください。

ただし、「これが5万字」（大修館書店）のポスターは、かなり前に廃版になっており現在購入することはできません。

「それやったら、紹介するなよ！」という声が聞こえそうですが、ご安心ください。なんと、2020年10月に同じ大修館書店から新版が発行されました。「ながめて楽しい 漢字5万字」で検索してください。おかげで、私のこの実践も再び日の目を浴びることができたというわけです。


【俵原】

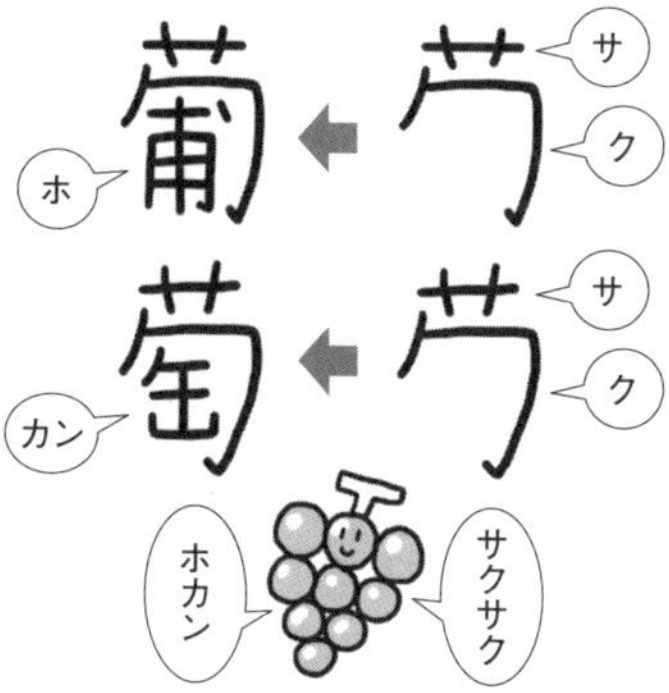

難しい漢字を覚えさせる

「ぶどう」を漢字で書けますか？　私は書けます。

「葡萄」

ちなみに「ゆううつ」の「うつ」も「ばら」も漢字で書くことができます。

「鬱」「薔薇」

ほら、書けたでしょ。

この原稿はワープロで書いているので、本当に書けることを証明することは難しいのですが、そこは信用してください。私はこのかた人生98年間嘘をついたことはありません（……とこの文ですでに2回も嘘をついています）。まあ、そのあたりの真偽は置いといて、実際に子どもたちの目の前でこれらの難し気な漢字を書いてみせると、先生を見る目が変わってきます。さらに、覚えるコツを教えてあげると、指導力も凄いと勘違いしてくれます。

では、今からそのコツをお伝えします。

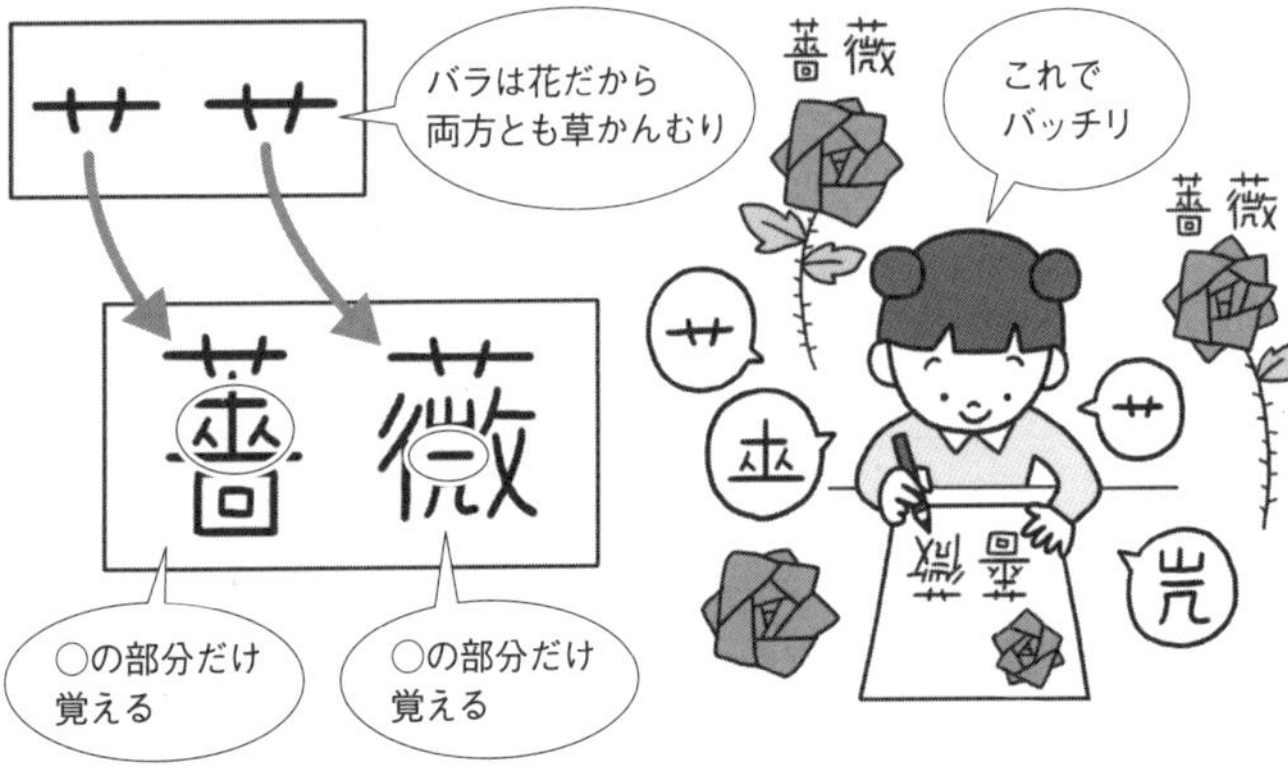
バラは花だから
両方とも草かんむり
薔薇
○の部分だけ
覚える
○の部分だけ
覚える
薔薇
これで
バッチリ
薔薇

まずは「葡萄」を覚えるコツです。これは「サクサク、ほかん（甫・缶）」と覚えます。

次は「鬱」を覚えるコツです。これは、「リンカーンはアメリカンコーヒー三ばい（飲む）」と覚えます。

「薔薇」にもこのような語呂合わせの覚え方（「サドの人々回転ずしはサビ一番」）はありますが、私は違う方法で覚えています。津川博義氏が『世界最速「超」記憶法』（講談社＋α新書）で書かれていた方法です。

コツさえわかれば、小学生でもすぐにこれらの漢字を完璧に覚えて書くことができるようになります。

子どもたちは家に帰ってお家の人に誇らしげに披露するはずです。保護者からも「今度の先生なんか凄い」と思われて、一石二鳥です。

【俵原】

5．計算のスタート

「よーい、ドンなことがあっても、とまらないように」

「よーい、ドン！」

という言葉は便利な言葉で、計算練習のスタートのときにでも、「よーい……」と言っただけで、子どもたちはさっと鉛筆を持ってかまえます。

「それでは、計算を始めますよ」

なんて言わなくても、「よーい」だけで、行動を促すことができるのです。

僕はときどき、

「よーい……」

と言った後、

「どんなことがあっても、途中でやめたらあかんよ」

等と言います。

子どもたちは笑います。緊張感が緩んだその瞬間にすばやく、

「よーいドン」

と言ってスタートを切らせます。

「よーい、どんどんやっていくんだよ」

等ということも言います。

「よーーーーーーーーーーーーーー」

と長く伸ばしてから、

「いドン！」

等ということもやります。

いつもいつも同じことをやらないのです。これによって、先生の言葉に注目してよく聞こうとする子どもたちが増えます。

【多賀】

先生の言葉に集中できる子どもに育てる手立てでもあります。

九九は一斉全員音読で

2年生算数における最重要単元「かけ算」。

いろいろな方法で繰り返し練習を行い、習得させなければいけません。

私の一番のおすすめは、繰り返し練習の王道ともいえる「九九音読」です。九九の表（読み方つき）を見ながら一の段から九の段まで順に音読をしていきます。日本全国多くの教室で行われている方法です。

ただし、私の指導は、何よりも声をそろえてリズムよく読むことを最優先します。

覚えていない子に覚えてくるように圧をかけるようなことはしません。その代わり、しっかり表を見て声を出すように指示します。最初は目で表の数字を追っているだけでもかまいません。毎日、クラス全員で取り組むことによって、友だちが読んでいる九九が自然に耳から入ってきます。そのうち、表を見ながら九九が言えるようになり、最終的には、九九の表を見なくても口から九九が出てくるようになってくるからです。ただし、そうなるためには毎日行うことが必須条件になります。

このとき、私が活用していたのが、「阪神タイガースVメガバット」。お坊さんがお経を読むときに木魚を叩くように、Vメガバットを叩いてリズムをとって声を出します。全員が、リズムに合わせて「九九音読」ができるようになれば、次は個人戦です。「誰が一番早く読めるか選手権」「ちょうど1分で読んだ人が勝ち選手権」などゲーム性を取り入れると、子どもたちのやる気もアップします。

かけ算カルタを楽しく行う方法

机の上には、5の段の答えが書かれたカードが置かれています。凛とした声で教師が取り札を読みます。

「5（ご）×3（さん）」

「15！」

子どもたちは、「5×3」の答えを言いながら、自分の机の上にある「15」のカードを取っていきます。

かけ算カルタの一場面です。カードは、自作のものでも、一括購入した九九カードでもかまいません。カルタ形式のゲームをすることで、楽しく九九の定着を図ることができます。これも多くのクラスで行われているかけ算九九の練習方法です。ただし、どの子も楽しくかけ算カルタを行うようにするためには、ちょっとした工夫が必要です。

その工夫とは、このかるたゲームを対戦方式にしないということです。対戦方式にしてしまうと、計算が得意な子だけが楽しい活動になってしまうからです。1枚も取れない子は全然楽しくありません。何よりも学習にならないのです。

だから、かけ算カルタはワンプレーヤーで行うことを基本とします。自分の机に九九カードを置いて、教師が読んだ式の答えをとっていくのです。これなら、どの子もカードを取ることができます。かけ算九九が得意な子は友だちよりも早く自分のカードを取ることで、苦手な子はゆっくりでも自分のカードを確実に取れることで満足します。どの子も楽しく九九の定着を図ることができるのです。

かけ算カルタにプラスワン

机の上には、2の段の答えが書かれたカードが置かれています。凛とした声で教師が取り札を読みます。

「2（に）×9（く）」

「おいしい！」

子どもたちは、笑顔で「(肉)おいしい！」と言いながら、自分の机の上にある「2×9」の答えである「18」のカードを取っていきます。肉㉙おいしい。本当にくだらないダジャレですが、このようなプラスワンを入れていくことで、子どもたちのかけ算カルタに対する集中力がアップします。

このような変化球を、一つの段につき一つぐらいの割合で入れていきます。

次のような感じです。

「3（さ）×3（ざん）（が）」↓「オールスターズ」「4（し）×4（し）」↓「カバブー」「5（ご）×5（ご）」↓「の紅茶」「6（ろく）×6（ろく）」↓「くび」「7（しち）×5（ご）」↓「さん」「8×8（はっぱ）」↓「ふみふみ」「9（く）×9（く）」↓「くるしい〜」

教師の自己満足的なものでもかまいません。子どもたちにとって意味がわからないものでも(「はっぱふみふみ」なんて55歳以上でないとわからないはず)、教師が笑顔で行えば、楽しい雰囲気になって子どもたちも笑顔で取り組むものです。もちろん、子どもたちにオモシロ答えを考えさせるのも大歓迎です。

【俵原】

算数の文章題をちょっと楽しくする小技

計算は好きだけれど、文章題は嫌い……という子がクラスには少なからずいます。中には、文章題というだけで、問題に取り組む気力をなくしてしまう子もいます。でも、そんな子に対しても、教師がひと手間加えることで、文章題に対する抵抗感を少なくしてあげることができるのです。ただし、今から紹介する実践で文章題を解く力を伸ばすことはできません。単に文章題を面白がることができるだけです。邪道で楽しんだ後には王道の指導も行ってください。

①答えに一言

次のような文章問題があります。

> これまで1ふくろ45g入りだったおかしを20%増量して売っています。いま売っている1ふくろは何g入りですか。

式と答えは次のようになります。

> (式)45×(1＋0・2)＝54　答え　54g

まずはオーソドックスに式と答えを板書した後、ノリのいい堀くんに問いかけます。

「それでは、堀くん。答えに一言話しかけてください」

突然の問いかけに戸惑いながらも、教師の問いに何とか答えてくれました。

「めっちゃ、お得やん」

「さすが、堀くん。お見事です」

堀くんの一言を板書に付け加えます。


（式）45×（1＋0・2）＝54　答え　54g

めっちゃ、お得やん

「みんなもノートの答えの横に一言書いてみてください。思いつかない人は、堀くんの一言を書いてもかまいません」

そして、次の文章題からは「答えに一言」を書いてもいいことを告げます。算数とは全く関係のない活動ですが、子どもたちは喜んで取り組みます（関係のない活動だから喜んで取り組んでいるともいえるかもしれません）。

②文章題に友だちの名前を入れる

例えば、先の問題を次のように変えて子どもたちに提示するのです。

堀くんの大好きなおかしが20％増量で売っています。これまで1ふくろ45g入りでした。いま売っている1ふくろは何g入りですか。

問題文にクラスの友だちの名前が入っているだけです。たったそれだけのことですが、子どもたちのリアクションが変わってきます。

「よっしゃ～。増量や。めっちゃうれしい」

問題文に自分の名前を入れてもらうことで、テンションが上がるようなキャラがクラスの中にいない場合、最初のうちは教師や子どもたちの好きなアニメキャラでもかまいません。これだけでも、なんか面白くなってきます。当然、「答えに一言」も「堀くん、よかったな」「あんまり食べ過ぎるなよ」など堀くんに向けたものになってきます。

③数値をあり得ないものに変える

鶴亀算などもともと算数の問題にはリアリティがないものも多いのですが、数字を思いっ切り大きくしたり、小さくしたりして、有り得ない設定にすると、なんか楽しい雰囲気になります。

堀くんの大好きなおかしが20％増量で売っています。これまで1ふくろ3000g入りでした。いま売っている1ふくろは何g入りですか。

（式）3000×(1+0・2)=3600　答え　3600g

こうなると、「答えに一言」がさらに盛り上がります。

「堀、いくらなんでも食べ過ぎやろ」

「3・6kgのおやつって何やねん。家に持って帰るの大変やん」

突っ込みどころ満載です。


【俵原】

6．教材の提示

「見たいか？」ともったいぶる

若い先生方の資料の提示の仕方を見ていると、もったいぶるということが少ないように思えます。

「ＢＩＧ ＰＡＤ（ビッグパッド）」（シャープ社の電子黒板）を使うにしろ、模造紙に書いたものを提示するにしろ、

「ではこの資料を見てください」

と、いきなり資料を提示してしまうのです。

それでは、子どもたちに意欲も喚起できません。前のめりに興味関心を示すということもありません。もったいないことです。

大切な資料を提示するときには、

「ここにそのヒントが書いてあるんだけど、見たい？」

等ともったいぶります。

「見たい。見たい」

「見せてよ」

というように子どもたちとやり取りをします。

ときには、

「見たくなーい」

とか、「別に見なくてもいいしー」

なんて言う子どもも出てきます。

でも、そういう子どもたちも、実は見たくてたまらないのです。そういう言葉は無視して、少し子どもたちをじらしてから、

「じゃあ、仕方ないから見せてあげようか」

等と言って、資料を提示するのです。

「なあんだ」

と言う子どもたちもいます。

そんなことは無視して進めていくのです。

ほんのちょっとしたことですが、もったいつけるのも、子どもたちの関心を高めることのできる手立てだと思います。


【多賀】

提示のタイミングが大切

教材や資料の提示のタイミングはとても大事です。

本来は、必要なとき（例えば、国語で書かれたシーンを絵で示さないと、どうしてもわかりにくいというようなとき）に提示するものです。

初めから前に提示した状態で授業にはいるのは、賢いやり方とは言えません。

先ほど示した「もったいぶる」というのも、一つの方法です。

「じゃじゃーーん」

と言って、たいそうげに示すのもありです。

いろんな提示の仕方を持ち、それを楽しみながら提示していくのです。

わざと逆さまに提示するのもありです。子どもたちは笑いながら訂正してくれます。しょっちゅうそんなことばかりしていると、先生のボケだとわかっている子どもが増えてきて、

「またあ。そんなことしてる」

「もうわかったから、ちゃんとして」

というツッコミも出てきます。

【多賀】

7．準備運動にひと工夫

「いち、にぃ、さん、し、ごお、ろく、しち、はち」

「いち、にぃ、さん、し、ごお、ろく、しち、はち」

運動場に子どもたちの元気のいい声が響きます。体育の時間に多くの学校で行われている準備体操ですが、たまにはいつもと違う準備体操を行ってみませんか？　いつもの準備運動にちょっと手を加えるだけで子どもたちの目の輝きが変わります。

号令を日本語以外で言う

最初は日本語で号令をかけます。途中から急に英語に変えます。

「にぃ、にぃ、さん、し、ごお、ろく、しち、はち」

「にぃ、にぃ、さん、し、ごお、ろく、しち、はち」

「ワン、ツー、スリー、フォ、ファイブ、シックス、セブン、エイト」

子どもたちは突然の英語に戸惑いますが、何回か続けると英語の号令にスムーズについてこれるようになります。いい感じで英語の号令をしばらく続けたら、またチェンジします。

「ウノ　ドス　トレス　クアトロ　シンコ　セイス　シエテ　オチョ」

いきなりのスペイン語についていくことができる子どもたちはいません。準備運動が一度ストップしてしまいますが、子どもたちはみんな笑顔になっているはずです。

号令の途中でゴリラになる

「先生と同じ動きをしてくださいね。間違ったらアウトです」

準備体操の前に簡単に説明をして始めます。号令をかけながら、足の屈伸運動を行います。子どもたちも号令をかけながら同じ動きをします。簡単にクリアできるはずです。

次はラジオ体操の「腕を振って脚を曲げ伸ばす運動」をします。たぶん、これも楽々ついてくるはずです。そこで最後の「7・8」の号令の部分をいきなり「ゴリラ！」にかえてウホウホします。

「2・2・3・4・5・6・ゴリラ！」子どもたちは大爆笑。

その後も体操の所々を「ゴリラ！」に変えます。子どもたちは必死に、でも笑顔で教師の動きを見て真似をしようとするはずです。できれば、最後に希望者を募って、「教師の代わりをする子対子どもたち」という形で行います。クラスの元気者が大活躍するはずです。体育の時間に、この体操を何回かしておけば、1対1のタイマン形式での表現運動につなげていくことも可能です。

ちなみに、最初に「間違ったらアウト」という説明をしていますが、「ゴリラ！」の真似をして

いない子がいても、もちろんオッケーです。ノリノリで真似をしている子を思いっきりほめてください。ゴリラ！の真似をすることが目的ではありません。楽しい空間ができればいいのです。

【俵原】

動作をずらす体操

普通の準備体操でも、ちょっとずつずらすだけで、楽しくて面白くて子どもたちを惹きつける体操に早変わりします。

上のイラストのような体操があれば、まずは「イチ」の号令で右手だけを右肩に持っていきます。

次に、「ニッ」で左手を左肩に持っていき、右手は真直ぐ上に挙げます。

そして、「サン」で、左手を真直ぐ上に挙げて、右手は右肩に戻します。

「シイッ」で、左手は左肩に戻し、右手は「きをつけ」の姿勢に戻します。

続いて「イチッ」で右手だけを右肩に持っていき、左手は「きをつけ」の姿勢へ。

こうやって繰り返します。

子どもたちはなかなかうまくできません。

「先生、もう一回やってよ」

等とチャレンジしてきます。

慣れてきたら、これに足の動きを加えます。

ただ右足を横に広げたり戻したり、膝の屈伸を加えたりするだけで、格段に難易度があがります。

失敗を一緒に笑ったり、先生もときどき間違えたりしながらやっていくことで、共通の面白さが生まれるのです。

【多賀】

流行の音楽をかけて、ダンス準備運動

体育の時間に準備運動として、ランニングをして準備体操をするという基本のスタートは大切なものです。ただ、ときには、違った準備運動に工夫すると楽しいです。

冬場には、縄跳びを取り入れるところも多いでしょう。その縄跳びをダンスしながら行います。曲はリズムのテンポのいい曲を選びます（この曲選びも楽しいものです）。できたら、海外の曲がいいと思います。日本の曲は避けた方がいいでしょう。子どもたちが歌詞を歌ってしまうので……。

僕はスティーヴィー・ワンダーの『Part-Time Lover』を使いました（歌詞の中身は若干、問題ありですが、英語なので……）。

最初は跳び縄を両手に持って、ストレッチから。

その後、飛び縄を片手に持って伸ばし、身体の横で回しながら縄を跳ぶようにジャンプしていきます。跳ぶタイミングを探っているわけです。

これなら、飛べない子どもたちでも縄に引っかかることがありません。

それを10回ほど繰り返した後、リズムに合わせて縄跳びをします。跳べなくてもかまいません。準備運動なのですから。

【多賀】

8．大したことではないが注意の必要なとき

突然、大声を出す

子どもたちを静かにさせようと、大声で注意をする先生がいます。これはほとんど意味がないことですし、子どもたちとの関係がつくれなくなるおそれのあるやり方なのですが、若い先生はどうしてもやってしまいます。

それとは違って、僕の言う大声を出すというのは、子どもたちが比較的静かにしているときに使うワザなのです。

子どもたちがなんとなく集中していないなあとか、疲れているのかどうも聞いているような聞いていないような感じがするときに、使います。

「しかし！」

「つまり！」

というような接続詞を突然大声で言うのです。

子どもたちは突然の出来事に目をむきます。いったい何事が起ったのだろうかと、次の言葉に集中します。そこからは、淡々と普通に話し続けるのです。

【多賀】

第3章　失敗を生かす

トラチャン（トラブル・チャンス）
という言葉がある。
トラブルこそチャンスだということだ。
子どもが失敗したりトラブったりしたときにこそ、
教師の出番だ。
笑いに変えてしまおう。

1．失敗を笑わないのではなく……

〝失敗を笑わないクラスづくり〟

もしかしたら、このようなめあてをつくっているクラスがあるかもしれません。

「教室は間違えるところです。それなのに、友だちの失敗を笑うようなことがあっては、安心して間違えることができませんよね。だから、友だちの失敗を笑わないようなクラスにしていきましょう」

間違ったことは言っていません。私も、間違ったり失敗したりした子を笑うような子がクラスにいれば指導します。マイナスの笑い（後述「笑いには種類がある」124ページを参照）は絶対に許しません。

ただ、一つ気になることはあります。

「失敗しても笑わない」は「失敗は恥ずかしいこと」という前提があるから出てくる発想ではないかと思ってしまうのです。つまり、「失敗は恥ずかしいことである。だから笑われることもある。でも、失敗した人がかわいそうだから、笑わないでいよう」ということです。何やかんや言っても、けっきょく「失敗」をネガティブに捉えています。でも、失敗は恥ずべきことではありません。もっと「失敗」をポジティブに捉えていきましょう。だから、目指すべきは〝失敗を笑わないクラスづくり〟ではなく、〝失敗を笑い飛ばすクラスづくり〟ということになります。逆境こそがチャンスなのです。

【俵原】

失敗を笑い飛ばすための第一歩

「失敗を笑い飛ばすクラス」の最終目標は、すべての子が「自分の失敗を笑い飛ばせる」ということになります。「自分の失敗を笑い飛ばせる」ということは、客観的に自分の行動を見ることができるということです。そして、そのような子は一度や二度の失敗にめげることなく、前向きにがんばることができるようになっていくからです。幸せに生きていく上で大切な力です。

ただ、クラスにはいろいろな子どもがいます。すでにそのようなことができている子もいれば、教師の働きかけですぐにできるようになる子もいます。理屈ではわかっていてもなかなかできない子もいます。

それぞれ違うのです。それが当たり前です。

だから、成果がすぐに現れなくても、焦る必要はありません。成果がすぐに現れないことも、豪快に笑い飛ばしてください。クラスの中に「失敗は恥ずかしいことではない」という学級風土をつくっていくためには、何よりも教師がいいモデルケースになる必要があるのです。

当然のことですが、自分の失敗だけ笑い飛ばして、子どもたちの失敗については笑い飛ばさずに怒りまくるようなことをしてはいけません。自分に甘く、他人に厳しい……崩壊フラグ（学級崩壊が起きる見えない条件。詳細は、自著『「崩壊フラグ」を見抜け！』（学陽書房）を参照のこと）立ちまくりです。一度や二度の宿題忘れぐらい、豪快に笑い飛ばしてあげてくださいね。

【俵原】

授業で語ろう「失敗は恥ずかしいことではない」

最初に教師がするべきことは、クラスの中に「失敗は恥ずかしいことではない」という学級風土をつくっていくということです。そのためには、「失敗は誰でもするものだ」「失敗は成功のもと」というようなエピソードを数多く授業で行っていくことが有効です。最初に授業という公的な全体の場で「失敗は恥ずかしいことではない」ということを示していくのです。

①『教室はまちがうところだ』の読み聞かせ

鉄板中の鉄板です。

学級開きや道徳の授業開きで『教室はまちがうところだ』（蒔田晋治 作 長谷川知子 絵 子どもの未来社）の読み聞かせを行ったことがあるクラスも多いと思います。教室にこの詩の全文を掲示している教室もよく見かけます。でも、それだけでは単なるお題目で終わってしまいます。

4月の最初に、1回や2回、子どもたちに示しただけで、子どもたちに伝わったと思うのは大甘の甘です。甘すぎです。示したことを子どもたちの中に定着させるためには、朝の会でこの詩の一斉音読を毎日行うなど、日常的に子どもたちに触れさせる手立てを打たなければいけません。

②エジソンの失敗の授業

「失敗は恥ずかしいことではない」ということを学級風土にするためには、学級指導の場面だけでなく、教科の学習や休み時間での指導など、できるだけいろいろな場面でそのことを子どもたちに示していかなければいけません。私が理科でよく行っていたのが、今から紹介する「エジソンの失敗の授業」です。４年生での実践ですが、どの学年でも実践可能です。

初めての理科室。授業の冒頭に豆電球を手にして次の発問をしました。

「電球を発明した人を知っていますか？」

「知ってる。エジソン」

「３年生のときに習いました」

「光るところは日本の竹を使ったんでしょ」

前担任やるやん！と思いながら、ここからが本題。

「では、エジソンは電球を発明するために何回ぐらい実験をしたのか知っていますか？」

とにかく発言意欲の溢れた４年生でしたので、思いついた数字をどんどん発表していきます。

大変喜ばしいことですが、収拾がつかなくなる前に選択問題にしました。

「エジソンは何回ぐらい失敗をしたでしょうか？　①３回　②20回ぐらい　③１００回ぐらい　④５００回ぐらい　⑤１０００回ぐらい　⑥１００００回ぐらい」

ウケを狙ったお調子者を除いて、多くの子どもは、100~500回ぐらいと考えました。

「100回だとしても、どれぐらい実験に時間がかかったんでしょうね。エジソンってすごいよね。では、正解を発表します。正解は……」

ここはためます。間を開けることで、面白味が倍増します。

「⑥の10000回です」

ウケを狙ったお調子者以外、全員間違えました。

「8000回という説もあります。どちらにしてもすごい回数ですね。でもね、エジソンのすごいところはね、この10000回のことを失敗だと思っていなかったことなんです」

子どもたちは「それって、どういうこと?」という表情をしました。

「エジソンはあるインタビューで『10000回も失敗したそうですが、苦労しましたね』と言われたそうです。そのとき、エジソンはこう答えました。『失敗ではない。うまくいかない方法を10000通り発見しただけだ』エジソンは、失敗ではなくて、その方法ではうまくいかないことがわかったのだから成功だということを言ったのです。『失敗は成功の母』ということですね」

子どもたちは真剣な面持ちで話を聞いていました。

③夜の時間は昼の時間より１時間短い

原実践は、向山洋一先生。若かりし頃の私が『授業の腕をみがく』（明治図書）を一気読みした後、すぐにクラスで追試した実践です。

「ある日の夜の時間は昼の時間より1時間短い。ある日の夜と昼は、それぞれ何時間か？」

黒板に問題を書いて、教室の前に置いてある机の前に座りこう言いました。

「できた人は、ノートを持ってきてください」

しばらくの間、静寂な時間が流れました。一人の子がやってきました。その子のノートには次のように書かれていました。

「24÷2－1＝11　答え　夜11時間　昼13時間」

私は向山先生がそうしたように、何も言わず、赤ペンで×（バツ）をつけました。その子は悔しそうな表情をして、席に戻ります。そして、再び考えます。続いて別の子がノートを持ってきました。でも、書いている内容は同じです。また、×を書きました。どちらも算数が得意な子です。

この後もノートを持ってくる子が続きましたが、すべて間違い。一言もしゃべらない私に×をつけられて、ノートを返される子が続出しました。10人ほど×をつけた段階で一言。

「正解した人はまだ誰もいません」

この一言は、さらに子どもたちの意欲を高めました。でも、相変わらず×は続きます。ちなみに、子どもたちの回答はおおむね2パターン。先にあげた回答と「24÷2－1＝11　答え　夜11時間　昼12時間」という回答です。

「そろそろヒントはいりますか？」

私の親切な挑発に対して、子どもたちはきっぱりと拒絶。

「今、やっているから黙って」

「もうすぐ解けそう」

「自分だけでやります」

できないから教えてほしいという子はいませんでした。頼もしい限りです。この後も、私の「やっぱり無理そうだし、そろそろ答えを……」「先生、待ってください」というようなやり取りを何回か繰り返し、やがて一人の子が正解（24÷2－0・5＝11・5　答え　夜11・5時間　昼12・5時間）にたどり着きます。不思議なもので、ブレイクスルーする者が一人出ると一気に空気が変わります。正答者が続きました。めでたし、めでたし。

向山先生はその著書『授業の腕をみがく』で、この授業が「授業として成立しているかどうか」という問題提起をして授業論を語っているのですが、今の私ならきっとこう語るはずです。

「実は、先生は、この1時間、みんなの様子をすごいなあと思いながら見ていました。この問題が解けたからではありません。何回×と書かれても、あきらめずに何度も何度も問題に挑戦し続けたことです。『教室はまちがうところだ』ということは頭ではわかっていてもなかなかできることではありません。これからも、失敗を楽しんでくださいね」

当時も、何度も何度もノートを持ってくる子どもたちをすごいなあという思いで見ていました。若かりし頃の私は、そのことを価値づけて子どもたちに伝えることはできませんでしたが、みなさんはぜひこのような感じで子どもたちをほめてください。クラスは間違いなくいい雰囲気になるはずです。

【俵原】

2. 子どもを笑いものにすることではない

笑いには種類がある

笑いには種類があります。このことを考えておかないと、何でも同じような笑いとして捉えてしまいます。子どもにとってプラスとなる笑いもあれば、マイナスとなる笑いもあるのです。なんでもかんでも笑いにしていいということではありません。

①他人を笑いものにする笑い

これは、絶対に避けなければいけない笑いです。ただし、子どもをいじったり、おいしいところで突っ込んだりすることは必要なことですので、それとの違いをはっきりとさせておくべきだということです。

例えば、障碍のある子どもが障碍のために失敗したことを笑うことはダメでしょう。でも、場合によっては、みんなと一緒に笑えるような失敗だって、障碍のあるなしに関わらずあるはずです。障碍のある子どものことは絶対に笑ってはいけないなんてことは、かえって、その子どもを疎外しかねません。

おいしい笑いと、笑いものにする笑いとの違いは、人権の意識の問題だと思われます。

②揶揄や嘲笑は教育じゃない

「揶揄」は、「皮肉や嫌味を込めた言葉で相手をからかう」ことです。「嘲笑」は、「相手をバカにしてからかうように笑うこと」です。

こういう笑いが蔓延しているクラスでは、いじめが横行し、子どもたちが安心して暮らせる環境にはなりません。こういう笑いに対しては、厳しく臨まないといけません。

③自分を笑う笑い

自分を自分が笑うことは、自分を救い、場を和ませることにもなります。自分の失敗を、

「やっちゃったあ」

と、笑いで告白してしまったら、みんなからは、

「ばっかだなあ」

と言われるかも知れませんが、それは、みんながバカにして言っていることではありません。

共に笑うことのできる笑いですね。

ただし、嘲りやバカにされたときに自分で笑うのは、自嘲的な笑いで、決して健全な笑いではありません。哀しい笑いです。心が傷つく笑いです。その子は表向きは笑いながらも、決して心から笑っていないときがあるのです。

【多賀】

第4章　小道具を用意する

いろんな小道具を教室に持ち込もう。
楽しそうなグッズがあるだけでも、
わくわくしてくるものだ。
いろんなものが出てくる教室って、
楽しさも倍増だ。

スタジオをつくっちゃえ

小道具ならぬ大道具に近いかも知れません。

大型のカラー段ボール（高さ1・5m。幅1・0m）を3枚買ってきて、ガムテープでとめました。それで、教師の机の周りを囲ってしまいました。そして、外側には「スタジオ Q」という看板を貼りました。

教卓には、CDプレイヤー、マイク、パソコン等が置いてあって、それに同期できるスピーカーも教室の隅に置きました。

これで、スタジオのできあがりです。

ここに入ったら、マイクで話をします。

朗読等も、ここでマイクを使わせると、日ごろ声が小さくて聞こえにくい子どもなどが、案外しっかりと読むことができるのです。大声を出せなくても、滑舌さえしっかりしていれば、マイクを通して話せばいいので、問題はないことがわかります。

「お昼の放送」と称して、学級独自の取り組みができます。

何しろ、外からは見えないのですから、ラジオのスタジオ感が強いのです。

【多賀】

僕の教室にあったグッズ

僕の教室には、トランプや「UNO（ウノ）」は言うに及ばす、マグネットのオセロや将棋などが常設してありました。雨の日には、子どもたちと一緒に楽しんでいました。

行軍将棋なども2セット置いてありました。

行軍将棋というのは、軍隊を模した将棋です。

「大型行軍将棋」（株式会社博英商会）

低学年では、パターン・ブロックが5組おいてありました。最近の子どもたちはブロック等で遊ぶことが少ないので、すごく新鮮みたいで、熱心に遊びます。

楽しいグッズの最低条件は、独りでは遊べないということです。パターン・ブロックでも、必ず二人以上で遊ぶことという縛りはかけていました。

【多賀】

面白グッズおすすめベスト3

「面白そうな空間をつくるために必要不可欠な存在が、楽し気な教師」だということは、先述していますが、そこに面白グッズを併用することで、教室の中に楽しそうな雰囲気をつくることが、より簡単にできるようになります。

強いアイテムを入手して、ゲームをより優位に進めるのと同じ理屈です。ソーシャルゲームに課金をしたことは1回もないのですが、私は担任時代、クラスを盛り上げるための面白グッズにはかなり課金をしてきました。外国語活動が始まったとき、青いカラーコンタクトをして授業をしたら子どもたちに受けるだろうと、けっこういい値段の度入りカラコンを購入するものの一人で目に入れることができず、1回も使わなかったという無駄遣いをしたこともあります。そんな酸いも甘いも噛み分けてきた私が「これは鉄板」という面白グッズを紹介します。値段もほどほどでコストパフォーマンスもばっちりです。安心して課金してください。

おすすめ度第1位『ピンポンブー』

○のボタンを押すと「ピンポン」、×のボタンを押すと「ブー」という効果音が鳴ります。正誤の判定をこのピンポンブーを使って行うと、一気に授業がエンターテイメント化します。

次のような感じで使います。

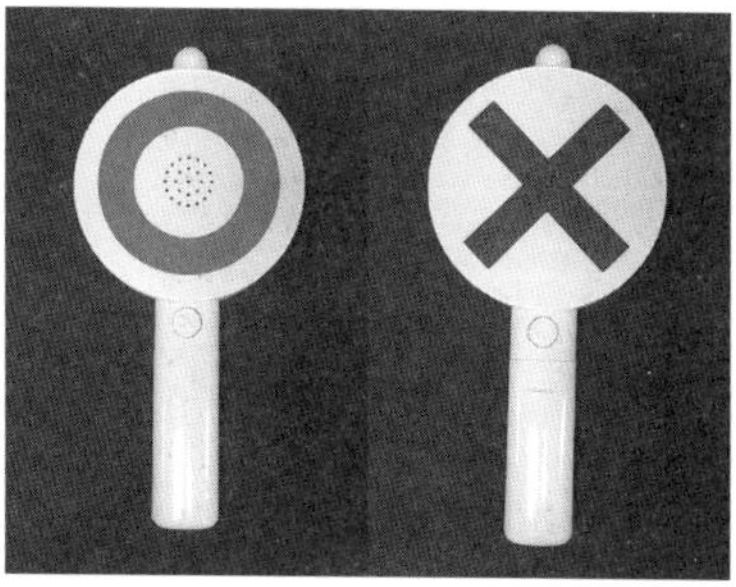
「○×ピンポンブー」（株式会社ルカン）

6年生社会　歴史の授業。

この時間までに、子どもたちは教科書に出ているキーワードが正解になる4択クイズをつくっています。今日は、そのクイズ合戦の日。

「彩木さんの問題から。『三代将軍徳川家光がおこなった大名が領地と江戸を1年おきに行き来する制度を何と言いますか？　①参勤交換　②武家諸法度　③参勤交代　④三振交代』では、答えをお書きください」

ちなみに、4番目の答えがふざけた選択肢になっているのは、「4択のうち一つはふざけてもいい」という担任のお墨付きがあるからです。こういう遊び心が教室を楽しげな空間にしてくれます。

さて、ピンポンブーです。

子どもたちが答えをノートに書いたこと（書くことによってキーワードを覚えるという教師の意図がありますので、正答の番号だけを書くのではなく漢字で正確にノートに書くことになっています）を確認したのち、正解を発表します。

「①参勤交換……（×のボタンを押す）ブ〜〜〜〜」

「②武家諸法度……（×のボタンを押す）ブ〜〜〜」

「③参勤交代…………………（○のボタンを押す）ピンポン！」

少し間をとって、正解のボタンを押します。じらせばじらすほど歓声は大きくなります。

「④三振交代……（×のボタンを押す）もちろんブ〜〜〜。でも、ナイスボケ！」

教師は余計なことを言わずに、ボタンを押すだけ。いや、むしろ、ここでは教師は話さない方が効果的です。つまり、子どもたちとの受け答えの中で面白いことを言わなくてもいいわけです。面白トークのスキルは必要ありません。面白い返しはちょっと苦手だなあと思っている人は、ぜひお買い求めください。インターネットで1000〜1300円程度で購入可能です。

「ジャマイカ」（株式会社増田屋コーポレーション）

おすすめ度第2位『ジャマイカ』

五つの白いサイコロと二つの黒いサイコロがついています。五つの白いサイコロの数を1回ずつ使って、2つの黒いサイコロの合計になるように「たす・ひく・わる・かける」を使って計算式をつくるという計算ゲームです。上の写真の場合、「3」「5」「6」「3」「3」を使って「44」をつくります。「5＋6＝11。3÷3＝1。1＋3＝4。11×4＝44」というような回答になります。

このジャマイカ、知的な雰囲気で時間をつぶすにはもってこいのアイテムです。一つ１４００円前後で購入可能です。私は、給食の待ち時間や休み時間に子どもたちが自由に使えるように、10個ほど買って教室に常備していましたが、とりあえずジャマイカが一つあれば、次のような使い方ができます。

5年生　算数の時間。

3時間目のチャイムはすでになっています。20分休みの後ということもあって、まだ教室に帰ってきていない子どもたちも何人かいるようです。このような状況の場合、私の学級では「全員揃うまで静かに待っている」ということは絶対にしません。時間をきちんと守っている子がしんどい思いをするからです。待っている子、そして、教師もイライラします。そのマイナスオーラは確実に教室中に広がっていくはずです。だから、待たないのです。運動場で泣いている1年生を保健室に連れて行っていたなど、遅れてきた子に正当な理由があることもあります。そのような子が、イライラした教師から理由を聞かれることなく叱られるということもなくなります。待たない方がお互いのためになるのです。

で、そんなときに使い勝手がいいのが、このジャマイカです。

3時間目のチャイムが鳴り終わるや否や教師が問題を出します。

「白いサイコロの目が『2』『1』『4』『5』『2』。黒いサイコロの目が『30』と『2』で『32』。できた人は静かに手を挙げてくださいね」

だいたい2回ほどしているうちに全員がそろいます。答え合わせをした後、算数の時間を始めます。

おすすめ度第3位『ホワイトボード』

担任時代の私は、学校に自由に使えるホワイトボードがなかったため100円均一ショップで購入して使っていました。また一人1枚渡したくて、白い厚紙をラミネートしてホワイトボードを自作していたこともありました。なぜそこまでしたのか……と言うと、使い勝手が抜群にいいからです。最近は、備品として十分な数のホワイトボードが学校に置かれていることも多く、個人で購入する必要がなくなってきたので、おすすめ度は第3位という順位ですが、他の上位二つと比べても使用頻度は圧倒的に第1位です。取り急ぎ、教材庫に行って、ホワイトボードを確認することをおすすめします。

まずは、ベーシックな使い方です。

ホワイトボードに答えを書いて見せながら発表する……このような何のひねりがない使い方でも、授業の雰囲気が何となく楽し気になります。一問一答式の授業にクイズ番組的な雰囲気が加味されます。

5年生社会「水産業のさかんな地域」。

教科書を範読後、教師が発問をします。すでに、班には1枚ずつホワイトボードを配っています。

「それでは、第1問『1977年ごろから、自国の水産資源を守るために、海岸から○○の範囲の海で、外国の漁船がとる魚の種類や量を制限するようになりました。○○に入る言葉を書きましょう。』では、お書きください」

ホワイトボードに書く順番ではない子は、ノートに答えを書いていきます。全員が書けたのを確認したら、発表してもらいます。

「それでは、1班どうぞ」

「200海里です」

みんなに見えるようにホワイトボードを頭上に挙げながら、発表します。

「では、2班どうぞ」

時間に余裕があるときは、このように1班ずつ発表していきます。テンポよく行えば、その方が盛り上がるからです（ただし、全員一斉に発表ができるというのもホワイトボード活用の優れた利点の一つです。状況に応じて、この利点もうまく使ってください）。すべての班が発表し終わったら、正解を発表します。

「1班、ピンポ～ン」

「2班、ピンポ～ン」

テンポよくピンポンブーで正誤を示していきます。

正解の班からは1回1回歓声が上がります。教室に楽しげな空気が広がっていきます。

このように教師が一問一答式の問題を出し、子どもたちが答えるという授業でも、ホワイトボードというアイテムを使うことで、子どもたちのテンションや意欲を上げることができるのです。クイズのパネラー気分で回答する際には、どの子も主人公になることができるからでしょう。ホワイトボードを手にすることで、一人一人の子が活躍する場をつくることができるということです。

続いて、変化球的な使い方です。さらにゲーム的な要素が加わります。

ゲーム名は「かぶっちゃ、や～よ」。ほかの人と違う回答をすれば得点というゲームです。実際の授業では次のような感じになります。

単元は、先ほどの例と同じ5年生社会「水産業のさかんな地域」です。

教科書を範読後、教師が今から行うゲームのルール説明をします。

「今読んだ教科書82ページ、83ページの中には、『水産資源』『200海里』『沿岸漁業』『沖合漁業』『遠洋漁業』の五つのキーワードがありました。この五つのキーワードから好きなものを一つ選んでホワイトボードに書いてください。選んだキーワードが他の班とかぶっていなければ、20

点得点が入ります。では、お書きください。時間は1分です」

他の班には聞こえない声で相談してホワイトボードに書き込んでいる班もあれば、答える順番を決めて書いている班もあります。1分経ちました。発表です。

「では、『かぶっちゃ、や〜よ』の掛け声と同時に、ホワイトボードを見せてください。いきますよ。『かぶっちゃ、やーよ』」

一斉にホワイトボードが上がります。

「1班。200海里」「2班。遠洋漁業」「3班。水産資源」「4班。200海里」「5班。えん岸漁業」「6班。200海里」「7班。遠洋漁業」「8班。200海里」

教師が判定していきます。

「1班、4班、6班、8班、残念！　2班と7班もかぶってしまいましたね。……ということは、3班と5班にそれぞれ20点入ります。おめでとう。では、2回戦を始める前に、一つルールを追加します。次からは、漢字で書いていない場合、減点になります。必ず漢字で正確に書いてください。では、お書きください」

書くことによって、キーワードを定着させることも目的の一つです。漢字を使って回答することをここで付け加えます。もちろん、いくら漢字を使っていても、その漢字が間違っていれば0点になります。

また、「かぶっちゃ、や～よ」の逆バージョンもあります。「かぶっちゃ、や～よ」は「他の班と違ったら正解」というルールでしたが、「他の班と同じだったら正解」というルールで行う「ちがっちゃ、や～よ」というゲームです。

4年生の子どもたちに都道府県を定着させるために行うというシチュエーションです。

「今回のお題は『近畿地方の都道府県といえば何？』です。時間は1分。それでは、お書きください」

子どもたちは真剣な表情でホワイトボードに向かいます。このとき、得点欲しさに忖度が起こらないように一言注意します。

「何を書いたか他の班の人にわからないようにしてくださいね。ルール違反はマイナス5億点です」

5億点という言葉に笑い声が起きます。1分経ちました。発表です。

「では、『ちがっちゃ、や～よ』の掛け声と同時に、ホワイトボードを見せてください。せ～の『ちがっちゃ、やーよ』」

一斉にホワイトボードが上がります。

「1班。和歌山県」「2班。大阪府」「3班。兵庫県」「4班。兵庫県」「5班。大阪府」「6班。兵庫県」「7班。京都府」「8班。兵庫県」

ゲームの流れは「かぶっちゃ、や～よ」と同じですが、得点のつけ方は違ってきます。「かぶっちゃ、や～よ」の場合、正解者は一律同じ得点でしたが、「ちがっちゃ、や～よ」の場合、同じ答えの班がどれだけあるかによって得点が変わってきます。例えば、今回の場合、「大阪府」と回答した班は二つなので20点、「兵庫県」と回答した班は四つなので40点というようにするのです。より多くの班と同じになれば、得点もアップするということです。もちろん、「岡山県」と書いた場合など、お題にそった答えでなければ、いくら同じ回答の班があったとしても０点になります。

「ちがっちゃ、や～よ」の別バージョンもあります。他の班と答えを合わせるのではなく、自分の班の他のメンバーと答えを合わせることができれば得点というルールです。机は班の形にしません。全員の机が前を向いている状態で行います。一人１枚ホワイトボードがあればベストですが、余ったプリントの裏紙を使ってもかまいません。

「班のメンバーの書いた答えが全員同じだったら得点になります。お題は『昔話の主人公といえば』です。それではお書きください。時間は30秒です」

時間が来たら、発表です。

「堀くん、桃太郎。清井さん、桃太郎。春名くん、桃太郎。根岸くん、桃太郎。彩木さん、サルとカニ……１班、残念！」

このように一人でも違った子がいたら０点というルールですることが多いのですが、「４人同じ答えなので、1班40点」というようにルールを変えてもかまいません。クラスの実態に合わせて決めてください。

おすすめ度第4位以下

最後に私が課金した面白グッズを順不同で紹介します。紙面の都合で4位以下の面白グッズの使い方は割愛させていただきます。どのように使ったのかはご想像におまかせします（笑）。

・どうぶつ将棋　・早押しピンポンDX　・ウルトラマンのタイマー　・くじ引き　・百人一首　・全身タイツ　・キラキラジャケット　・忍者衣装　・ドラえもん着ぐるみ　・オオカミのマスク　・獣神サンダーライガーのマスク　・クリスマスツリー　・畳　・お気に入り絵本　・変なTシャツ　・IQサプリクイズカード　・知恵の輪　・騒音計　・牛乳キャップ　・空き缶　・観葉植物　・パペット　・ぬいぐるみ　・指さし棒　・角松　・ハロウインのカボチャ　・巨大電卓　……AND MORE

【俵原】

第5章　お帰りのとき

お帰りは大切だ。
子どもがどんな顔をして教室から出ていくかで、
次の日に元気な顔で登校してくるかどうかが決まる。
笑顔で帰そう。

「サヨウナラ」にこだわろう！

朝の挨拶は大切です。

でも、私は、それ以上に終わりの会のサヨウナラの挨拶にこだわっています。

その理由は、私が朝にとても弱いので朝の挨拶にはこだわりが薄いということだけ（つまり、すこしはあるということです）ではありません。

一番の理由は、〝終わりよければすべてよし〟だからです。

プロレスで言えば、その日のメインイベントがハッピーな結末なら、観客はハッピーな気持ちで帰路につくことができます。

学校も同じです。たとえ、途中に嫌なことや辛いことがあったとしても、一日の最後が楽しければ、その日一日はいい日だったと思うことができます。その反対に、最後の最後にマイナスなことがあれば、すべて台無しになってしまいます。だから、帰り間際のサヨウナラにこだわるのです。朝からず〜っと楽しいに越したことはないのですが、せめて学校生活のその日の最後の1分間で盛り上がり「楽しい気分でおうちに帰ろう！」ということです。

私のクラスの「サヨウナラ」は、だいたい次の2パターンでした。

①サヨウナラ3連発

先述した音読カードを使います。

音読カードを引いた通りにサヨウナラを言うのです。

カードは日直が2枚引きます。3連発なのに、引くカードが2枚なのは、ラストはいつも「元気よく大きな声」で言うと決まっているからです。

例えば、「ゆっくりと」「ロボットのように」というカードを引いた場合はこうなります。

日直「明日も元気で」（↑ 3連発の声をそろえるために、日直が言います）
全員「さ〜よぉ〜なぁ〜らぁ〜。」（↑ ゆっくりと言う）
全員「サ・ヨ・ウ・ナ・ラ」（↑ ロボットのように言う）
全員「さようなら！！」（↑ 元気よく大きな声で言う）

1回目と2回目はカードの指示通りに表現することを楽しみ、最後の1回は元気よく大きな声でサヨウナラを言って、気持ちよく帰ろうということです。

②笑っていいとも風サヨウナラ

「笑っていいとも！」とは、昭和57年から平成26年まで毎週平日お昼に生放送されていたバラエティ番組です。その番組でメインパーソナリティーであったタモリさんと客席とのやり取りをヒントにして考えたものです。子どもたちが言うセリフは「そうですね。」「そうですね。」「え～っ。」の三つのみです。

教師「今日は入学式でしたね。」
子どもたち「そうですね。」
教師「1年生が可愛かったですね。」
子どもたち「そうですね。」
教師「あまりにも可愛かったので、あすからは1年生の担任になります。」
子どもたち「え～っ。」
教師「明日も元気に」
子どもたち「さようなら!!」

その日にあった出来事を即興で教師がまとめて振っていきます。

3回目の「え～っ」というところがポイントです。子どもたちが一番盛り上がるところです（今は、「笑っていいとも！」を見ることはできませんが、この「え～っ」というリアクションは、ライブなどで「次が最後の曲です」「え～っ」というお約束のくだりで現在社会でも立派に生きていますので、今の子にもウケます）。

その日に合ったことを教師が三段落ちで言わなければいけないので、「サヨウナラ３連発」に比べて難易度が高くなりますが、それだけに子どもたちも喜んでのってきます。
そして、このサヨウナラは、６年生の卒業式の日に最大の効果を発揮します。

教師「今日は卒業式でしたね。」
子どもたち「そうですね。」
教師「みんな立派でしたよ。」
子どもたち「そうですね。」
教師「これで俵原学級のすべてを終わります。」
子どもたち「え〜っ。」
教師「ず〜っと、元気で」
子どもたち「さようなら‼」

笑顔の中にもしんみりとした空気が流れます。何かいい雰囲気でしょ。

【俵原】

帰りの会はシンプルに

一つ言い忘れていましたが、〝終わりよければすべてよし〟にするためには、サヨウナラにこだわること以上に大切なことがあります。

それは、帰りの会をできるだけシンプルにするということです。

「今日、そうじの時間、正仁くんがほうきを振り回して遊んでいました。注意してもやめなかったので嫌だったです」

あなたのクラスの帰りの会に、このようなことを言うコーナーはありませんか。私は、子ども時代、このコーナーの常連さんでした。決して気分のいいものではありません。このような発言があると、教師もその子を注意しなければいけません。教師もいい気分ではありません。そして、注意されているのを見ている周りの子もいい気分ではありません。〝終わりよければすべてよし〟からほど遠い状況になってしまうのです。だから、私のクラスの帰りの会にはこのようなコーナーはありません（もちろん先に述べたような状況があるのなら、正仁くんの指導は別の機会にしなければいけません）。次の日の日直を決めて、簡潔に明日の連絡をして終わりです。後はサヨウナラにこだわるだけ。いたってシンプルです。

嫌なことを言われることもなく早く帰ることができて子どもたちはハッピー。教師も明日の準備に早く取り掛かれてハッピー。まさに〝終わりよければすべてよし〟になるのです。【俵原】

出口でいじる

低学年では、お帰りのとき、出口を一つに限ってそこに立って必ず子どもたち一人一人をいじってから帰していました。

プロレス技をかけてもらいたくて仕方ない子どもには、アイアンクローをかけてからワイワイ言って返しました。指四の字固めなんかもやっていましたね。

ジャンケンして勝った負けたで、ワイワイ言ってから帰す子どもたちもいました。ジャンケンは鉄板です。どんなときでも、子どもたちとのコミュニケーションをとれる手立てです。

男の子たちは、服装がぐじゃぐじゃになったまま帰ろうとする子どももいましたから、その服装を直しながら、面白いことを言って楽しませていました。

お帰りは、子ども個々との対面で話せる貴重な時間だと思います。そのときも、基本は楽しいコミュニケーションなのです。

【多賀】

今日はいろいろと
あったよなあ。
明日はいい日に
なるといいね。

いやなことがあった子には、ひと声

お帰りに出口でコミュニケーションをとるときに、必ず子どもの表情を見ていました。

その日一日にいやなことがあった子どもが、そのまま引きずって帰ろうとしていたとき、必ず一声かけるようにしていました。

この一声は、お説教や「これからは、気を付けるように」というような忠告であったりする必要はありません。

目的は、笑顔で家に帰すということです。

「今日はいろいろとあったよなあ。明日はいい日になるといいね」と言うと、けんかやトラブル等いろんなことがあっても、たいていの子どもは、ほっとしたような笑顔になります。

先生に叱られるようなことがあると、子どもたちは、先生に嫌われたんじゃないかなと思うときがあるのです。だからこそ、「全然気にしていないよ。明日またがんばってきてね」というメッセージを笑顔とともに送ることが大切なのです。

【多賀】

おわりに

教師人生は楽しくなくっちゃ！

「教師人生は楽しくなくてはならない」――私はそう思っています。

楽しいから、学校へ行きたくてたまらない。

わくわくしながら学校へ通う。そんな楽しそうな教師を見て、子どもたちも楽しくなる。

学校は楽しくて仕方がない、そういう場でありたいと思うのです。

では、どうすれば楽しい教師人生を送ることができるのでしょうか？

この本を読んだあなたはすでに答えを知っているはずです。

そうです。

「子どもを面白がらせる技術」をたくさん持てばいいのです。

つまり、この本を最後まで読んでくださったあなたは、これから楽しい教師人生を送ることができるということです。（まず「おわりに」から読むという私のような人は、今すぐ最初から読み始めてください。至急！）……と、「おわりに」で自分の本を告知するのはここまでにしますが、本を読んだり人に会ったりして、教師の力量を上げようと学び続けていくことさえできていれば、たとえ今は「授業がうまくいかないしトラブルも多くて、あまり学校が楽しくないなあ」と思っていたとしても、そのうち楽しい教師人生がやってくることは間違いありません。そのことは200%保証します。

教師という職業は、年々楽しくなっていくからです。

私自身がそうでしたから。

そして、たぶん、いや、絶対、この本のもう一人の執筆者である多賀先生もそうだと思います。

つまり、この二人が保証人です。一人あたり100%保証で、二人で200%保証ということです。

ただし、この200%保証というのは、あくまでも教師修行を続けるという条件があります。

でも、この「続ける」ということがなかなか難しいのです。特に、私のように本文を読む前に「おわりに」から読むような我慢が足りない人にはかなり難易度が高いミッションになります。にもかかわらず、俵原は、ここまで学び続けることができています。その結果、楽しい教師人生を送っています。

それは、いっしょに学び続ける仲間がいたからです。

身近にそんな仲間を見つけることができれば言うことなしですが、多くの場合、プライベートな時間を使ってセミナーやサークルに足を運び、そこで人と出会うことから始まります。ただ、仲間欲しさに自分を偽ってまでつきあうことはありません。プライベートの時間は楽しく過ごすことが一番です。無理してまで仲間をつくる必要はないのです。本書を手に取るぐらいのやる気はあるのですから、しばらくなら一人でもがんばれるはずです。そのうち、気の合う仲間ときっと出会います。焦ることはありません。

私と多賀先生とのつながりも、10年ほど前、私が多賀先生のセミナーに参加したことから始まりました。懇親会で初めてお話をさせていただいたのですが、すでに酔っぱらっていたのでどんな話をしたのか全く覚えていません（笑）。最初の出会いがそんな感じだったのにもかかわらず、その後も定期的にお会いし、多くのことを学ばせていただきました。尊敬する先輩に対して仲間という言い方は失礼かもしれませんが、多賀先生はいつお会いしても楽しく過ごすことができるかけがえのない気の合う仲間です。

最後になりましたが、出版にあたり、ご尽力いただいた学事出版の加藤愛さん、素敵なイラストを描いていただいた松永えりかさん、そして、何よりも最後まで本書にお付き合いくださったみなさんに感謝の気持ちを表し、本書をしめることにします。ありがとうございました。

共に、教師人生を楽しみましょう！

2021年1月　俵原正仁

[著者紹介]
多賀一郎（たが・いちろう）
1955年兵庫県生まれ。追手門学院小学校講師。神戸大学附属住吉小学校を経て私立小学校に長年勤務。元日本私立小学校連合会国語部全国委員長。保護者のために「親塾」を開催したり、若手教師育成のために全国各地のセミナーで登壇したり、公・私立小学校にて指導助言を行っている。著者に『小学生保護者の心得　学校と一緒に安心して子どもを育てる本』（小学館）、『若手教師のための一斉授業入門』（黎明書房）編著に『小学１～６年の学級づくり＆授業づくり　12か月の仕事術　ロケットスタートシリーズ』（明治図書）、共著に『きれいごと抜きのインクルーシブ教育』（黎明書房）、『女性教師だからこその教育がある！』『問い続ける教師　教育の哲学×教師の哲学』（以上、学事出版）他多数。

俵原正仁（たわらはら・まさひと）
1963年兵庫県生まれ。兵庫県芦屋市立山手小学校校長。兵庫教育大学卒業後、兵庫県公立小学校教諭として勤務、現在に至る。学校目標を「えがお☆かがやく」として、子どもたちの笑顔の虹をかけようと楽しく奮闘中。座右の銘は「GOAL は HAPPYEND に決まっている」。マイブームは、タコ焼き。著書に『スムーズに着任できる！教師のための「異動」の技術』『「崩壊フラグ」を見抜け！』（以上、学陽書房）『スペシャリスト直伝！全員をひきつける「話し方」の極意』（明治図書）他多数。教材・授業開発研究所「笑育部会」代表。

AL 時代でも必要な教育技術シリーズ
子どもを面白がらせるワザ

2021年３月12日　初版第１刷発行

著　者　多賀一郎・俵原正仁
発行者　花岡萬之
発行所　学事出版株式会社
〒101-0021　東京都千代田区外神田2-2-3
TEL 03-3255-5471／URL：http://www.gakuji.co.jp

編集担当　加藤　愛
装丁・本文デザイン　三浦正已　イラスト　松永えりか（フェニックス）
印刷製本　精文堂印刷株式会社

ISBN978-4-7619-2699-1 C3037